INTRODUCCIÓN A LA CRIMINOLOGÍA PARA POLICÍAS

La decisión de delinquir desde la perspectiva de la moralidad

Santiago Pérez Otero
Juan Rafael Parejo Rubio

INTRODUCCIÓN A LA CRIMINOLOGÍA PARA POLICÍAS
La decisión de delinquir desde la perspectiva de la moralidad
ISBN 978-1-326-75512-6

"La moral no es más que la conciencia colectiva que se transforma en conciencia individual."

Durkheim, É. (1925). L'éducation morale. París: Félix Alcan. (Conferencias impartidas entre 1902 y 1903)

ÍNDICE

CAPÍTULO I

ESTUDIO ORIENTADO A POLICÍAS SOBRE LA INFLUENCIA DE LA MORAL EN LA DECISIÓN DE DELINQUIR

1.1   INTRODUCCIÓN

Con este libro queremos realizar un acercamiento de la Criminología a los profesionales que forman parte de los cuerpos policiales. Partimos de que no todos estos profesionales tienen por qué tener una formación previa en esta disciplina y por ello esta obra pretende ofrecer un contenido perfectamente comprensible por aquellos que no han tenido contacto previo con la misma y que a la vez, aquellos que finalicen su lectura, puedan disponer de una perspectiva amplia sobre distintos planteamientos importantes en Criminología.

El trabajo policial es, como sabemos, extremadamente variado, teniendo estos profesionales que estar formados en numerosas y distintas competencias, desde habilidades de comunicación, operativas o tácticas hasta primeros auxilios o en ocasiones relacionadas con la educación. Dentro de esta formación, es conveniente que los policías tengan conocimientos sobre por qué se cometen delitos; cómo una persona llega a tomar la decisión de delinquir. Es por eso que con este libro les acercamos algunas pinceladas.

La criminología es una disciplina que integra conocimientos de diversas áreas dedicadas al estudio del delito, el delincuente, la víctima y el control social del comportamiento desviado. Su objetivo es comprender las causas, dinámicas y consecuencias del comportamiento delictivo, así como los mecanismos de prevención y tratamiento. A través de la integración de conocimientos de la sociología, la psicología, el derecho, la antropología y otras ciencias sociales y naturales, la criminología busca desarrollar políticas y prácticas efectivas en el ámbito de la justicia penal y la seguridad pública.

La importancia del conocimiento de la criminología por parte de los policías radica en varios aspectos clave:

1. **Comprensión profunda del delito**: Permite a los policías entender mejor las causas y contextos del comportamiento delictivo, lo que facilita una intervención más efectiva y justa.

2. **Mejora en la prevención del delito**: Con una base criminológica, los policías pueden diseñar y aplicar estrategias de prevención más eficaces, basadas en el análisis de datos y evidencia empírica.

3. **Intervenciones eficientes**: Dotados de conocimientos criminológicos, los policías pueden abordar de manera más precisa y adecuada los problemas delictivos, adaptando sus intervenciones a las necesidades específicas de cada situación.

4. **Reducción de la reincidencia**: La criminología proporciona herramientas para entender los factores que contribuyen a la reincidencia, ayudando a desarrollar programas de rehabilitación y reintegración más efectivos.

Dentro de la criminología, la "criminología positiva mayoritaria" se destaca por su enfoque en aplicar la metodología científica de las ciencias naturales al estudio del delito. Este enfoque se basa en la observación empírica, la recolección de datos y el análisis estadístico para entender y prevenir el comportamiento delictivo. Sin embargo, es importante señalar que la criminología no es una ciencia en el sentido estricto, ya que no ha llegado a conclusiones definitivas y universales. Los estudios y teorías criminológicas están en constante evolución y dependen de contextos específicos y variables diversas, lo que implica que sus hallazgos y recomendaciones deben ser interpretados y aplicados con cautela y adaptabilidad.

Es muy reseñable por tanto la importancia del conocimiento de la criminología para los profesionales de los cuerpos policiales, ya que les proporciona una base sólida para abordar el delito desde un conocimiento más amplio que incluye las causas de su perpetración.

En nuestros estudios nos hemos centrado en la influencia de la moralidad en la decisión de delinquir, por ello, haremos especial incisión en la moralidad a la hora de analizar los planteamientos que expondremos a continuación.

Diversos autores han estudiado de formas distintas el paso de la idea de delinquir por el filtro de los valores morales de un individuo, atribuyéndole mayor o menor importancia a la hora de determinar la causa del delito o abordándolo con diferentes enfoques. Pasamos a analizar algunos:

1.2 PERSPECTIVA DE DIVERSOS AUTORES

1.2.1 DAVID MATZA.

Este sociólogo estadounidense, en su obra "Delincuencia y deriva" (1964), se centra en el análisis de la delincuencia juvenil. Aborda en esta obra (aunque no por primera vez como veremos más adelante) dos conceptos a destacar:

En primer lugar el concepto de "**subcultura**" de la delincuencia. Este autor expone que algunos jóvenes se adhieren a esta subcultura, la cual les hace diferenciarse de la mayoría de los de su edad. Esta subcultura tiene **sus propios valores y normas**, y no se encuentra distanciada de la cultura general o del orden convencional; por el contrario, estaría muy integrada en la misma, así "La subcultura delictiva no rechaza los valores de la sociedad convencional, sino que los manipula y adapta para justificar el comportamiento desviado" (Matza, 1964) y "En lugar de ser completamente sumergidos en una subcultura distinta, los jóvenes delincuentes se mueven entre la cultura dominante y la subcultura delictiva, adoptando normas de ambas según la situación" (Matza, 1964).

En segundo lugar, el concepto de "**neutralización**", que se trataría del mecanismo que utilizan los adolescentes delincuentes para **liberarse de la atadura moral de la ley** para cometer un delito. Aunque este concepto ya había sido abordado por Matza junto a Sykes en 1957, en *Delincuencia y deriva* (1964) ahonda sobre este mecanismo en el entorno de la subcultura de la delincuencia. Así, se utilizarían **técnicas de neutralización** (también abordadas por Bernard, 2010) como mecanismos de exculpación, justificando conductas desviadas y funcionando "como condiciones atenuantes bajo las cuales la delincuencia es permisible". "Las técnicas de neutralización permiten a los delincuentes juveniles justificar sus actos delictivos, suspendiendo temporalmente su compromiso con los valores convencionales" (Matza, 1964). De igual modo, "A través de la neutralización, los jóvenes delincuentes pueden evitar la culpa y la auto-reprobación, lo que les permite participar en actos delictivos sin sentirse completamente desvinculados de la moralidad convencional" (Matza, 1964). Estas técnicas de neutralización consistirían en:

1. La negación de la responsabilidad ante el hecho, es decir, se afirma que no es posible realizar una conducta más adecuada.

2. La negación del delito cometido o del daño causado mediante frases como «tampoco es tan grave».

3. La negación o descalificación de la víctima. Esto hace referencia a que la culpa recae, en cierto modo, sobre la víctima por su forma de actuar (por ejemplo: robar en una tienda en la que los precios cada vez son más altos y creer que, como te ha «estafado» con una subida de precios, se tiene derecho a robar).

4. Condenar o rechazar a aquellos que, a su vez, han condenado su acción (como podría ocurrir con la figura de un político o un juez, por ejemplo).

5. Apelar a ciertas lealtades para justificar su conducta (como, por ejemplo, a Dios, a la salvación, a la revolución).

6. Defender que la conducta realizada era necesaria.

7. Defender un valor.

8. Negar la justicia o la necesidad de leyes.

9. Argumentar que «todo el mundo lo hace».

10. Argumentar que «tenía derecho a hacerlo».

En la práctica, cuando observamos estas excusas, podemos comprobar que para la construcción de algunas de ellas se han surtido de debilidades del propio sistema cultural en el que se integra la subcultura.

Los dos conceptos expuestos (subculturas y neutralización) se interrelacionan resultando que los miembros de una subcultura de la delincuencia no están enfrentados a las normas socialmente aceptadas, sino que neutralizan con excusas su vínculo con ellas cuando cometen actos delictivos que las contravienen (técnicas de neutralización). De esta forma, "El delincuente juvenil (o «delincuente subcultural») no es un sujeto radicalmente distinto del resto de nosotros y sus infracciones no revisten un compromiso estable y duradero con sus transgresiones." (Pablo Caraballo, 2015). El análisis de Matza es evidentemente más amplio, extendiéndose en las subculturas, con planteamientos como el aparente compromiso con el delito del grupo percibido por sus miembros, en los que no ahondaremos por desviarse del objetivo de esta obra.

La de Matza es una visión cualitativa de las variables ya que coexisten en un individuo las normas socialmente aceptadas con aquellas contenidas en la lista de técnicas de neutralización, pero cuando él mismo es el sujeto activo del delito, se asume una jerarquía en la que se anteponen las segundas.

CONCLUSIONES Y REFLEXIONES:

Como hemos visto, la perspectiva de este autor respecto al tema de estudio de este libro es que los jóvenes delincuentes eluden en parte el proceso de pasar la idea de delinquir por el filtro de su moral mediante el proceso de neutralización, a través del cual justificarían con excusas dicho acto. Tan solo aceptarían pasarlas por el filtro de los valores que formen parte de la ética de la subcultura (grupo social) a la que pertenecen.

La neutralización es una expresión de la falta de responsabilidad que Matza asocia a los jóvenes, aunque desde nuestra experiencia profesional, este tipo de actitudes es comúnmente observada en todo tipo de delincuentes así como en las personas cercanas o allegadas a estos una vez que han sido detenidos o investigados.

Esto no tiene por qué darse exclusivamente como un mecanismo de defensa ante las posibles consecuencias penales, sino también como un proceso bastante natural de autoconvencimiento de que uno está «en el lado del bien».

Por tanto, recordando que el tema de este libro se centra en estudiar el paso de la idea de una acción por los filtros del código de valores morales de un individuo, concluimos que la perspectiva de Matza (en referencia a personas jóvenes) es que los jóvenes delincuentes comparten valores que son habituales en el resto de la sociedad que les rodea, pero aplican una serie de técnicas (técnicas de neutralización) que, aunque alguna hace referencia a la defensa de un valor, lealtades, etc, en general se centran en **eludir su responsabilidad** sobre la acción. De esta forma **evitarían** en parte realizar **ese proceso de paso de la idea de la acción desviada por el filtro moral**, ya que siempre van a tener una excusa para realizarla o bien una forma de justificarla una vez detenido. Una vez inhibidos de la realización de este proceso, el individuo tiene toda la libertad para decidir realizar los comportamientos desviados. Este estado de libertad es el estado al que se refiere como "deriva" (Sykes y Matza, 1957).

1.2.2 ELLIOTT y asociados.

Elliott y sus colegas proponen en su obra *Una Teoría General del Desarrollo Adolescente (1985)* una teoría integradora de las teorías tradicionales más importantes: la del control social, la de la frustración y la del aprendizaje social. Defienden que existirá más delincuencia cuando existe más frustración, ya que esta última induciría a la delincuencia y además debilitaría los vínculos de la persona. La frustración favorece la delincuencia bien directamente o bien a través del debilitamiento de los vínculos. Con esto estaría integrando la teoría del control social y la de la frustración. Por otro lado también defienden que cuando los vínculos de la persona ya se han debilitado, esta tenderá a integrarse en grupos de personas con circunstancias similares en los que existiría más tendencia a cometer hechos delictivos. Con esto último estaría integrando también la teoría del aprendizaje social.

Incide también este autor en los resultados de la investigación empírica llevada a cabo por él mismo y sus colegas, a través de los cuales llegó, como conclusión más reseñable, a que aquellos individuos con vínculos débiles con la familia y la escuela, pero con vínculos fuertes con otros individuos que cometen hechos delictivos, eran los que más tendencia tenían a delinquir.

Pero traemos precisamente ahora a este autor y sus colegas por la fuerte relación que encontramos entre muchos de sus planteamientos y los del anteriormente estudiados (los de Matza (1964)), en varios aspectos relativos a la moral.

En primer lugar, comparten con el anterior el estudio del delincuente como un individuo perteneciente a un subgrupo dentro de la sociedad (subculturas en el estudio de Matza (1964)).

También coinciden ambos planteamientos en que los delincuentes pertenecientes a estos subgrupos o subculturas normalmente comparten la mayoría de los valores generales de la sociedad en la que conviven, incluyendo qué comportamientos consideran moralmente incorrectos (lo que no significa que no los cometan). Esto no es algo que diferencie a estos dos autores estudiados hasta ahora del resto, al contrario: de hecho en Criminología es ampliamente conocido que muchos resultados de la investigación empírica apoyan esta similitud de valores.

La tercera relación que observamos entre los planteamientos de Elliott (1985) y Matza (1964) es que los dos autores coinciden en que los delincuentes pertenecientes a las subculturas que mencionan encuentran la forma de evitar el proceso de pasar la decisión de delinquir por el filtro de sus valores morales mediante el alegato de una excusa con la que se sienten eximidos de la aplicación de esa norma, que no rechazan cuando no se les aplica a ellos. En el caso de Matza es la "neutralización". Elliott explica que el alegato de estos delincuentes sería que, aunque son conscientes de que su acto es reprobable, lo realizan porque las circunstancias que les ha tocado vivir como grupo no les dejan otra opción.

CONCLUSIONES Y REFLEXIONES:

La teoría de Elliott y sus colegas presenta una visión integradora, combinando las teorías del control social, la frustración y el aprendizaje social. Al destacar cómo la frustración y los vínculos sociales débiles pueden conducir a la delincuencia, y cómo los jóvenes se asocian con grupos delictivos, proporciona un marco comprensivo para entender estos comportamientos. Sin embargo, aunque su investigación empírica respalda estos planteamientos, hay que tener en cuenta considerar la complejidad y variabilidad de las experiencias individuales que esta teoría podría simplificar.

1.2.3 EDWIN SUTHERLAND

Otra perspectiva valiosa que podemos encontrar en el campo de la Criminología acerca de la relación entre la moralidad y el comportamiento delictivo es la que ofrece Edwin Sutherland (1947) con la teoría de la "Asociación Diferencial", que ha contribuido a comprender cómo los valores y normas sociales pueden afectar a la propensión de un individuo a cometer actos delictivos. No será la primera vez que veamos este término de "Asociación Diferencial" en estas páginas, como podremos comprobar en el próximo apartado donde estudiaremos la obra de Akers.

La Teoría de la Asociación Diferencial, formulada por Edwin Sutherland, es una pieza fundamental en la criminología que postula que el comportamiento delictivo se aprende a través de la interacción con otros. Sutherland argumenta que "una persona se convierte en delincuente debido a un exceso de definiciones favorables a la violación de la ley sobre definiciones desfavorables a la violación de la ley" (Sutherland, 1947). Esta teoría subraya que no es la moral innata del individuo la que determina su conducta, sino las normas y valores de su entorno social.

Este sociólogo estadounidense identifica que las relaciones sociales juegan un papel importantísimo en la formación de comportamientos, incluidos los delictivos. En su obra, Sutherland afirma que "el comportamiento criminal se aprende en interacción con otras personas en un proceso de comunicación" (Sutherland, 1947). Esta afirmación destaca la importancia de la socialización y el entorno en el desarrollo de la conducta delictiva. La moralidad, por lo tanto, es un producto de las interacciones sociales y las experiencias individuales dentro de un contexto específico.

La teoría de Sutherland se centra en cómo los individuos aprenden comportamientos delictivos a través de la imitación y la internalización de las normas y valores de aquellos con quienes interactúan. "Las asociaciones diferenciales varían en frecuencia, duración, prioridad e intensidad" (Sutherland, 1947), lo que significa que la cantidad de tiempo y la intensidad de las relaciones con individuos que tienen actitudes favorables hacia el crimen influyen significativamente en la adopción de comportamientos delictivos. Este enfoque pone de relieve la influencia de las normas éticas de una comunidad sobre la moral individual.

Además, Sutherland señala que "los motivos y las actitudes se aprenden a través de las definiciones de las normas legales como favorables o desfavorables" (Sutherland, 1947). Este proceso de aprendizaje no se limita a los comportamientos en sí mismos, sino que también incluye las justificaciones y racionalizaciones que apoyan dichos comportamientos. En otras palabras, los individuos no solo aprenden cómo delinquir, sino también por qué es aceptable hacerlo dentro de su contexto social. Si recordamos, no es la primera vez que vemos en este libro que un autor se refiere a las justificaciones que hacen los individuos que delinquen sobre su acción que saben que es contraria a las normas éticas, ya lo vimos con Matza o con Elliott.

La teoría de la Asociación Diferencial también implica que la prevención del delito debe enfocarse en el entorno social y las influencias a las que están expuestos los individuos. Este autor sugiere que "la exposición a definiciones favorables a la ley puede contrarrestar la influencia de definiciones desfavorables" (Sutherland, 1947). Por lo tanto, estrategias como programas de intervención comunitaria y educación pueden ser efectivas para alterar las asociaciones diferenciales y, en consecuencia, reducir la delincuencia.

CONCLUSIONES Y REFLEXIONES:

La relevancia de la teoría de Sutherland en el estudio de la moralidad y el comportamiento delictivo es evidente. Su enfoque en la socialización y el aprendizaje pone de manifiesto que las normas y valores colectivos influyen en las decisiones individuales de delinquir. Al enfatizar el papel de las asociaciones sociales, Sutherland destaca que la **moralidad no es un rasgo inherente**, sino un constructo social dinámico que puede ser moldeado por el entorno.

Por tanto, la Teoría de la Asociación Diferencial de Edwin Sutherland ofrece una perspectiva enfocada en la influencia del entorno social y el aprendizaje que este proporciona en la decisión de delinquir. Al reconocer que el comportamiento delictivo es aprendido a través de interacciones sociales y la internalización de normas y valores, esta teoría proporciona una base sólida para desarrollar estrategias preventivas que se centren en la modificación del entorno social y la promoción de valores prosociales. Como Sutherland concluye, "la prevención del crimen es una cuestión de modificar las influencias sociales" (Sutherland, 1947), subrayando la importancia de abordar el contexto social en cualquier esfuerzo por reducir la delincuencia.

1.2.4 RONALD L. AKERS.

La Teoría de la Asociación Diferencial de Edwin Sutherland ha sentado las bases para una comprensión profunda de cómo los individuos aprenden comportamientos delictivos a través de la interacción social. Esta teoría influyó significativamente en la obra de Ronald Louis Akers, quien expandió y refinó estos conceptos en su Teoría del Aprendizaje Social. Akers, en su libro *"Social Learning and Social Structure: A General Theory of Crime and Deviance" (2000)*, proporciona un marco teórico más amplio que integra elementos del conductismo y de la teoría de la Asociación Diferencial para explicar cómo se desarrolla la conducta delictiva.

Akers reconoce la deuda intelectual con Sutherland y parte de sus postulados básicos. Sin embargo, agrega nuevas dimensiones para comprender mejor cómo las personas no solo aprenden comportamientos delictivos, sino también cómo estos comportamientos son mantenidos y reforzados a lo largo del tiempo. "La teoría del aprendizaje social es una extensión lógica de la teoría de la Asociación Diferencial de Sutherland, que incorpora principios del condicionamiento operante y del aprendizaje observacional" (Akers, 2000).

La Teoría del Aprendizaje Social de Akers se basa en cuatro componentes principales: la asociación diferencial, las definiciones, el reforzamiento diferencial y la imitación. La **asociación diferencial** sigue siendo un componente clave, refiriéndose a las relaciones y contactos con otros que proporcionan el contexto social en el que se aprenden los comportamientos. "Las personas tienden a adoptar comportamientos que son respaldados y reforzados por aquellos con quienes tienen relaciones significativas" (Akers, 2000).

Las **definiciones**, en el contexto de la teoría de Akers, se refieren a las actitudes y significados que una persona atribuye a ciertos comportamientos. Estas definiciones pueden ser generales (actitudes sobre la ley y el orden en general) o específicas (actitudes sobre comportamientos específicos como robar o consumir drogas). Akers afirma que "las definiciones favorables a la violación de la ley aumentan la probabilidad de que un individuo cometa actos delictivos" (Akers, 2000).

El **reforzamiento diferencial** es un concepto clave que Akers introduce para explicar cómo los comportamientos delictivos se mantienen o se extinguen. Este componente se basa en los principios del condicionamiento operante, donde las conductas son reforzadas (recompensadas) o castigadas. "El comportamiento delictivo es más probable que ocurra y se repita cuando es reforzado por recompensas, ya sean materiales, sociales o intrínsecas" (Akers, 2000). Este aspecto de la teoría ayuda a entender no solo la adquisición de comportamientos delictivos, sino también su persistencia.

La **imitación** es el cuarto componente y se refiere a la forma en que las personas observan y replican el comportamiento de otros, especialmente aquellos a quienes consideran modelos a seguir. Akers señala que "la imitación del comportamiento delictivo es más probable cuando el modelo tiene una alta estatura o es visto como exitoso y atractivo" (Akers, 2000).

La teoría de este autor no solo amplía la comprensión de cómo se aprende el comportamiento delictivo, sino que también proporciona un marco para la intervención y la prevención. Akers sugiere que "las intervenciones efectivas deben enfocarse en alterar las asociaciones diferenciales, modificar las definiciones y cambiar los patrones de reforzamiento y de imitación" (Akers, 2000). Esto implica la implementación de programas que fomenten asociaciones prosociales, promuevan actitudes negativas hacia el crimen y refuercen comportamientos legales y positivos.

CONCLUSIONES Y REFLEXIONES:

La Teoría del Aprendizaje Social de Ronald L. Akers ofrece una extensión y profundización de los conceptos presentados por Edwin Sutherland en su teoría de la Asociación Diferencial. Al incorporar principios del aprendizaje conductual y del condicionamiento operante, Akers proporciona una explicación más completa y matizada de cómo los comportamientos delictivos son adquiridos, mantenidos y modificados. Esta teoría subraya la importancia de las influencias sociales y los procesos de aprendizaje en la formación de la conducta delictiva, y sugiere que la prevención del delito debe abordar estos factores clave para ser efectiva.

Como hemos comprobado, Sutherland y Akers son, de los autores que hemos visto hasta ahora en este trabajo, los que más claramente se han centrado en la **evaluación moral del hecho por parte de quien lo va a realizar**, aunque Sutherland lo haga desde una perspectiva más social. También podemos extraer la **importancia de la educación en la conformación de los valores morales**, por cuyo filtro habrán de pasar en el futuro las posibles ideas de delinquir.

Por tanto, si se pretende reducir al mínimo las posibilidades de que una persona cometa hechos delictivos es fundamental incidir en su educación o lo que es lo mismo, su "aprendizaje", y es del entorno más cercano de donde el individuo va a aprender qué conductas considera como positivas o como negativas. De este modo, la educación dentro de entornos como la familia jugaría un papel fundamental en la prevención del delito a largo plazo, debiendo ejercerse desde edades tempranas, de forma duradera en el tiempo, estableciendo como referentes a personas con comportamientos cuya imitación sería deseable (aspecto este que coincidiría con las teorías del control social. Hirschi, 1969). De esta forma se construye en el individuo un conjunto de valores morales que serán en un futuro el filtro por el que tendrán que pasar las decisiones a las que se enfrente sobre realizar conductas desviadas o no realizarlas.

1.2.5 WALTER RECKLESS

Walter Reckless (1899-1988) fue uno de los pioneros en la teoría del control social con su *"Containment theory"* (1967) (Teoría de la contención), con ello intenta establecer un marco general sobre la delincuencia, basándose en conceptos respaldados por estudios anteriores. Por consiguiente en esta teoría imperan las **características o cualidades personales del individuo**, que pueden emplearse como «dique de contención» y a través de eso, opacar tanto los impulsos internos como las influencias criminógenas del entorno. Este autor expresa que los individuos que tienen un buen concepto de sí mismos o una elevada autoestima están mejor preparados para resistir las presiones sociales hacía comportamientos antisociales.

Los planteamientos de Reckless parten de la influencia que sobre su estudio tuvo la teoría de la asociación diferencial de Sutherland, al destacar cómo las interacciones sociales y la exposición a modelos delictivos influyen en el aprendizaje de conductas criminales.

Reckless asevera que existen dos fuerzas opuestas en la vida de una persona: la presión y la contención. Gran parte de su trabajo todavía influye en la teoría del control social en la actualidad.

Según este autor, las presiones pueden hacer a una persona llevar una vida delictiva. Inicialmente habla de las presiones que sufre en su interior el individuo que lo hacen delinquir, teniendo también en cuenta sus atributos de personalidad, sus sentimientos que le hacen sentir inferior así como otras presiones que provocan que la persona en cuestión cometa el delito. En cambio, las presiones que sufre desde el exterior son factores externos que no guardan relación con la persona, pero sin embargo la llevan a perpetrar el acto delictivo (las malas condiciones de vida, pobreza, abuso…)

De acuerdo con éste autor, si la presión que se ejerce hacía una persona genera que éste ejecute el crimen, entonces ¿Qué factores incitan a las personas cumplir con la ley?, la respuesta la encontramos en la **contención**, dado que esta consigue un control en las personas para que con ello no excedan sus límites y por ende incumplan la Ley.

Estos mecanismos de contención se fundamentan en controles externos e internos los cuales pasamos a reseñar:

Controles externos: Estos controles son llevados a cabo por distintos grupos sociales, particularmente por los más notables que presentan las siguientes características:

1- Sentimientos de formar parte de una comunidad
2- Código morales sólidos
3- Roles sociales congruentes
4- Refuerzo de los valores y objetivos tradicionales.

A modo de ejemplo, para obedecer la ley, el individuo puede contar con un fuerte apoyo familiar, amigos, compañeros de trabajo etc…Siendo también muy importantes los lazos sociales ya que estos vínculos, cuando más robustos sean, mayor es la **presión que ejerce la sociedad** para no vulnerar la ley, así como los valores aceptados. Esto amilana significativamente la posibilidad de una actividad ilícita y convirtiendo todo este conjunto al ciudadano en uno respetuoso con la ley. Según Reckless, "la contención externa incluye las fuerzas sociales que rodean al individuo, como la supervisión familiar y las expectativas comunitarias, que ayudan a evitar conductas delictivas" (Reckless, 1967).

Otro aspecto a tener en cuenta es el control externo instaurado por las Instituciones léase (Fuerzas Policiales, Leyes y Juzgados), por ello con este entramado legal, se pretende evitar que los individuos incurran en actos delictivos por **miedo a las consecuencias legales** en las que pudieran incurrir. En este aspecto Reckless subraya que "las instituciones sociales, como las escuelas y las iglesias, juegan un papel vital en la contención externa al establecer normas y valores que los individuos internalizan" (Reckless, 1967).

También, **la oportunidad** de cometer delitos en un contexto determinado puede afectar en la conducta delictiva de las personas. En este sentido ejerce especial influencia la instauración de medidas de seguridad eficaces, mitigando las posibilidades para la comisión del hecho delictivo y de este modo disuadiendo a las personas de involucrarse en actividades ilícitas.

Hay que tener en cuenta que las normas y valores comunes dentro de una cultura o, en su caso, una sociedad, se pueden considerar como controles externos que influyen abiertamente tanto en las actitudes como en el comportamiento del individuo.

Controles internos: Estos son factores que influyen en el comportamiento criminal, actuando como mecanismos psicológicos para prevenir delitos. Entre ellos se incluyen:

1- Autoconcepto positivo

2- Compromiso con metas legítimas y a largo plazo.

3- Objetivos realistas

4- Alta tolerancia a la frustración

5- Identificación con la legitimidad y respeto con las leyes.

Estos atributos personales, sumando unos sólidos vínculos familiares, configuran una brújula moral interna que guía al individuo. Reckless destaca que "la autoestima y el sentido de responsabilidad son componentes cruciales de la contención interna, que impiden que los individuos sucumban a las presiones criminógenas" (Reckless, 1967).

Tres factores esenciales son:

1. **Atributos personales**: Actividad, inteligencia, autonomía, temperamento, habilidades sociales y locus de control interno. Reckless señala que "la contención interna se refiere a las barreras personales que un individuo desarrolla, tales como la autoimagen positiva y la capacidad de controlar los impulsos" (Reckless, 1967).

2. **Núcleo familiar**: Lazos afectivos, pautas de crianza claras, comunicación de calidad, disponibilidad de cuidadores alternativos, modelos positivos y compromiso con valores morales y sociales.

3. **Red de apoyo social y emocional**: Profesores, vecinos, amigos, compañeros de trabajo e instituciones que pueden ayudar a la familia en momentos de crisis.

Estos controles internos son esenciales para prevenir la conducta delictiva.

CONCLUSIONES Y REFLEXIONES:

En esta teoría, se resalta la importancia de los valores morales y su formación a través de la educación en ámbitos cercanos. El paso de la idea de delinquir por los filtros morales del individuo es algo que está presente en muchas teorías, aunque los autores lo tratan de manera diferente. En el caso de Walter Reckless, destaca la trascendencia de estos filtros morales, estableciéndose como controles externos y, en menor medida, internos. **Estos valores éticos y morales, una vez adoptados, pueden actuar como una barrera contra la delincuencia**. Por ello, tanto los valores éticos como morales, al ser integrados por el individuo, funcionan como un blindaje contra actos delictivos, según se observa en la teoría de Reckless.

1.2.6 GOTTFREDSON Y HIRSCHI.

Aunque Hirschi ya era conocido por su trabajo en las teorías del control social, es junto a Gottfredson como propone la **Teoría del Autocontrol** (también una teoría del control social). Esta está planteada sobre la base de que el ser humano tiene una **tendencia natural a delinquir**; a seguir el camino más fácil y más beneficioso para conseguir su objetivo, por ejemplo: si quiere algo que tiene otra persona, cogerlo para sí, o si una persona le impide hacer algo, utilizar la violencia contra ella. Pero lo que impide que el individuo se deje llevar por esa tendencia son una serie de frenos internos que existen en las personas a los que llama Autocontrol. Según la obra de Hirschi, *Una teoría del control de la delincuencia*; "La teoría del autocontrol se considera en ocasiones una teoría de «restricción», teoría que se centra en por qué las personas no participan en el delito y la delincuencia, más que en por qué lo hacen" (Hirschi, 1969).

Partiendo de que la tendencia natural es a delinquir, y que hay unos frenos (autocontrol) que lo impiden, son esos frenos los que hay que ir construyendo, y eso se hace mediante **la educación**.

Pero no se limitan estos autores a indicar que es la educación la forma de crear y mejorar el autocontrol, sino que especifican cómo debe ser una buena educación para contribuir a que una persona tenga un autocontrol alto, en la cual sería imprescindible:

1.- Un seguimiento de su comportamiento, siendo incompatible esto con unos padres despreocupados.

2.- El reconocimiento del comportamiento desviado cuando este se produce: Este es un aspecto muy relacionado con las "definiciones" de la Teoría del Aprendizaje Social de Akers (2000), ya que se trata de definir un comportamiento de una forma más o menos negativa.

3.- El castigo del comportamiento: es necesario que exista la desaprobación del comportamiento desviado, así como coherencia en la dureza de los castigos.

También exponen a este respecto que, "Cuando un adulto cuidador está presente en el entorno del niño que se está desarrollando, y desempeña un papel activo en la socialización, se originan unos niveles elevados de autocontrol, que parecen convertirse en una característica estable de la persona" (Gottfredson y Hirschi, 1990).

Ahondan más los autores en los detalles de cómo debe ser una educación que contribuya a construir un autocontrol alto en una persona, incidiendo en que la educación más influyente en este sentido es la que se produce en la familia y después de esta, la que se produce en la escuela. En cualquier caso, en el caso de que la educación proveniente de la familia no haya sido adecuada o suficiente, aún se puede enseñar autocontrol a un niño, pero la dificultad será mayor y los resultados, previsiblemente peores ("La teoría del autocontrol localiza la base del comportamiento conforme en las vinculaciones que se forman al principio de la vida entre los padres u otros cuidadores y los hijos" (Hirschi, 1969; Gottfredson y Hirschi, 1990 apud Andrea Laura Capece Gómez, 2015)).

Otro de los aspectos a los que dan importancia en relación con la educación es la importancia de la edad a la que se imparte. En este sentido, es importante que se inicie desde una corta edad ya que es entonces cuando se fija el autocontrol en la persona, rondando los 8 o 10 años de edad.

CONCLUSIONES Y REFLEXIONES.

Aunque Gottfredson y Hirschi lo plantean desde una perspectiva algo distinta en la que la conducta desviada sería lo natural y es el autocontrol lo que la frena, en definitiva volvemos a ver que la moral está en una posición central. Aunque estos autores lo denominen acertadamente **autocontrol**, en el fondo no dejamos de hablar de conceptos que orbitan sobre el mismo elemento central. Se habría ido creando a través de la educación una serie de valores morales en el individuo por cuyo filtro va a tener que pasar la idea de delinquir, y **cuanto más sólida sea esa estructura de valores morales y más acorde con el orden social y la legalidad, mayor será la posibilidad de que desista en su idea de cometer el hecho**, o visto de otra forma, entenderíamos que esa persona tiene un autocontrol alto.

Como vemos, si analizamos las distintas teorías (algunas muy diferentes entre sí) la mayoría, de una u otra forma están poniendo en el centro la moral y para la construcción de los valores morales, la educación es un factor fundamental.

1.2.7 EMILE DURKHEIM

Émile Durkheim fue un sociólogo, pedagogo y filósofo francés, pionero de la sociología francesa y creador de la sociología "científica". Su obra se focaliza en los contenidos y las **consecuencias morales del castigo y su papel en el mantenimiento del orden moral.** Durkheim asegura que "**la moral es un sistema de reglas que predeterminan la conducta**", indicando cómo debemos actuar para comportarnos correctamente. Estas reglas tienen un carácter obligatorio y disciplinario, pero también representan una moral del bien: "Ellas nos mandan; imponen el respeto en nosotros; no podemos sentir que estamos en equilibrio sin ellas. Nos damos cuenta que ellas representan algo dentro de nosotros que es superior a nosotros" (Durkheim, 1973, *On Morality and Society*). Esta obra es una recopilación de textos donde Durkheim explora la relación entre la moral, la individualidad y la cohesión social.

En sus primeros trabajos, Durkheim (cuyas ideas han influenciado a autores como Robert K. Merton y Albert Cohen) entendía la moral como una disciplina social que ponía límites a los comportamientos individuales. Más tarde, se enfocó en los ideales colectivos, poniendo en relieve la importancia de cumplir normas y reglas. En referencia a esto, viene al caso su célebre cita: "**La moral no es más que la conciencia colectiva que se transforma en conciencia individual**". Esta idea central se encuentra presente en varias de sus obras, como "*Las reglas del método sociológico*", "*La división del trabajo en la sociedad*" y "*El Suicidio*". Para este autor, la moral, aunque debe ser interiorizada por los individuos, es en realidad propiedad de la colectividad y una característica primordial de la sociedad.

Durkheim pone énfasis al castigo en la educación moral, proclamando que el mejor castigo es aquel que censura de la forma más expresiva y con los menores costes posibles. Todo lo que no aporte a este objetivo, es pernicioso y debe ser eliminado. Por ello, la educación moral actúa como una garantía para la cohesión social, el desarrollo de la conciencia colectiva y la formación de representaciones compartidas.

La «obligación» es la experiencia moral más importante para este sociólogo, que se basa en creencias religiosas, reglas morales o cumplimiento de la ley, que son las manifestaciones más importantes de la vida colectiva.

Durkheim estudió la solidaridad social, un punto vital para preservar las condiciones fundamentales de la vida colectiva y la cohesión social. Su sociología se fundamentaba en los vínculos morales que conforman la perspectiva social de la vida humana. El derecho, considerado la «conciencia moral» de la sociedad, se basa en las creencias morales, siendo el Estado responsable de su cumplimiento, incluyendo la imposición de sanciones y castigos.

A través de su obra, el concepto de moral en Durkheim evolucionó, destacando la interiorización de las normas como hemos referido anteriormente y el papel de la educación en la transmisión de valores. El concepto de «conciencia colectiva», presente desde sus primeras obras, se refiere al conjunto de creencias y sentimientos comunes a los miembros de una sociedad, y fue minuciosamente analizado en su obra "*Las formas elementales de la vida religiosa*" (1912).

La familia y la red de relaciones sociales juegan un papel significativo en la difusión de la cultura y la cohesión social. En "*El suicidio*" (1897), estudia en profundidad la relación entre la moral social y las normas legales, destacando la importancia de la cohesión social en la regulación de la conducta individual. **La** moral produce en las personas un «apego a los grupos sociales» y un espíritu de «disciplina», ya que considera morales aquellos actos que benefician a la sociedad. Si las creencias y morales se reducen, se "rompe" el orden social.

Entre sus citas a destacar en relación a esto, las podemos encontrar en su libro *Las Reglas del Método sociológico* (1895) *"la sociedad sólo se compone de individuos"* (Por ello son muy importantes las actividades humanas ya que constituyen un resorte necesario para la conformación de la sociedad.) y "Es en la naturaleza de la sociedad misma donde hay que ir a buscar la explicación de la vida social" (Destaca la importancia de las estructuras y dinámicas sociales para entender cómo funciona la vida en sociedad)

Para finalizar con este autor, Durkheim no se enfoca en los métodos del delito, sino en las medidas correctivas. En este sentido indicaba que al mismo tiempo que las sociedades evolucionan, la severidad de los castigos decrece en las sociedades más avanzadas. Este autor sostenía que "el delito es necesario y útil para la evolución moral y del derecho" (Durkheim, 1895, *"Las reglas del método sociológico"*).

CONCLUSIÓN Y REFLEXIONES.

Si bien la obra de Durkheim ofrece importantes aportes sobre la importancia de la moralidad, la anomia y la cohesión social en la prevención del delito, existen ciertas «lagunas» que merecen ser señaladas:

Por un lado tiene un enfoque que, aunque muy estructurado, es a su vez **demasiado simplificado** ya que pone en relieve a las estructuras sociales y en consecuencia a la integración moral de la sociedad. Esto puede llevar a simplificar la complejidad del fenómeno delictivo, al **no tener en cuenta los elementos individuales** y contextuales que influyen en el ya reiterado comportamiento criminal.

Tampoco tiene en consideración **las motivaciones** esenciales que tiene el individuo a la hora de cometer el acto delictivo, ni tampoco estudia los instrumentos con los que se comete el hecho punitivo, ni da importancia a las desigualdades sociales y económicas como factores que influyen en el comportamiento delictivo, si bien realiza un estudio exhaustivo sobre el análisis de las medidas punitivas, sin embargo no se adentra adecuadamente en la **motivación individual**. Por consiguiente, esta omisión dificulta nuestra comprensión total del fenómeno delictivo así como el diseño de estrategias efectivas de prevención.

1.3 CONCLUSIONES DEL CAPÍTULO

1) En el código de valores morales de un individuo existe una prevalencia de unos valores sobre otros. Las decisiones que toma un individuo pasan por el filtro de su código de valores. Este puede contener multitud de ellos por lo que podría, en un análisis simplista, verse como un proceso cuantitativo, como una lista de "cosas a favor y cosas en contra", pero lejos de eso, este proceso tiene una fortísima influencia cualitativa, ya que un individuo considera más importantes unos valores que otros, existiendo por tanto una jerarquía entre los mismos, pudiendo llegar a ser despreciable la influencia de los menos importantes en una decisión. Esto coincidiría con la visión de Sykes y Matza (1957) y Matza (1964).

2) En Criminología, en términos generales se suele considerar que son preferibles las teorías generales frente a las que se centran en determinados tipos de delitos o determinados tipos de delincuentes. Sin afirmar lo contrario, entendemos la duda que puede aparecer en quien se plantee que debe tomarse con prudencia esta preferencia, sobre todo cuando se estudia el delito desde la perspectiva de la moral, ya que hay delitos, circunstancias o delincuentes que, comparados con otros, pudiera pensarse que deberían estudiarse desde perspectivas diferentes. Por ejemplo: por un lado un delito de fraude fiscal, que aparentemente se ha realizado con cierta deliberación previa y con una motivación evidente, y por otro lado un delito de lesiones producidas por una persona al amante de su pareja

cuando los sorprende juntos, en cuyo caso parece que el arrebato ha causado que ni siquiera haya llegado a valorar la moralidad de su acto. Como decimos, entendemos que se plantee que no pueden estudiarse desde la misma perspectiva ambos delitos aunque, sin dejar de lado la posibilidad de que esa opción sea adecuada, consideramos que no deben descartarse estudios más específicos según tipos delictivos o según perfiles delincuenciales.

3) Es una idea mayoritariamente compartida por los autores más influyentes que es fundamental, para evitar que un individuo cometa actos delictivos, que este haya tenido una educación sólida, firme y orientada al respecto a las normas, que esta se produzca desde edades tempranas, y que provenga de grupos muy cercanos como la familia. La educación no solo proporciona conocimientos académicos, sino que también es una herramienta clave para inculcar valores morales y sociales. Programas educativos que incluyan formación en ética pueden ayudar a los jóvenes a desarrollar un sentido de responsabilidad y respeto por las normas, reduciendo así la probabilidad de que se involucren en actividades delictivas.

Vinculada a la educación también está la familia, que es una institución fundamental en la formación de los valores morales de un individuo. Una crianza adecuada, con pautas claras y un entorno afectivo estable, puede prevenir el comportamiento delictivo. Es importante que las políticas sociales apoyen a las familias, especialmente aquellas en situación de vulnerabilidad, para que puedan desempeñar eficazmente su rol preventivo.

4) También, como vemos, algunas teorías distintas comparten algunos planteamientos que son muy sólidos y centrales en otras, como es el caso que hemos visto de las "definiciones" de la Teoría del Aprendizaje Social de Akers, que parece compartir casi plenamente con Gottfredson y Hirschi cuando plantean las necesidades de una buena educación. Otro planteamiento que parece bastante compartido entre varios autores es la importancia del aprendizaje, al que por ejemplo Sutherland daba especial importancia al considerar que a través del mismo se conformaban las definiciones positivas o negativas de los comportamientos (algo compartido por Akers), aunque Sutherland lo planteaba desde una perspectiva mucho más sociológica que otros autores.

5) Hemos estudiado también a otros autores más clásicos, como es el caso de Dürkheim, del cual habría que señalar que su legado en la sociología sigue siendo muy relevante, sin embargo es fundamental reconocer la importancia a modo complementario, de la integración de perspectivas más completas que incluyan tanto perspectivas sociológicas como individuales para comprender mejor el comportamiento del delincuente. Una aproximación integral podría potenciar nuestra comprensión y así, mejorar nuestras respuestas ante el crimen.

6) El estudio de las decisiones individuales no debe realizarse sin tener en cuenta que estas son tomadas dentro de un marco más amplio que el de la valoración de las opciones disponibles, y que incluye la influencia de aspectos sociales y estructuras institucionales. A

modo de ejemplo, cuando una persona crece dentro de un entorno desestructurado donde impera la violencia, puede aceptar o justificar ciertas formas de agresión, lo cual puede influir en las decisiones que tome en situaciones de tensión o provocación.

La influencia de estos aspectos no ha sido despreciada por casi ningún autor. Por ejemplo:

Los subgrupos en los que se organizan los individuos dentro de sus comunidades también han sido considerados importantes tanto por Elliott y sus colegas como por Matza.

Las desigualdades sociales pueden crear un escenario donde ciertas conductas ilícitas parezcan más atractivas o incluso indispensables para la supervivencia económica o social. Este fenómeno lo hemos visto con anterioridad en la Teoría del Aprendizaje Social de Akers, que expresa que las conductas se aprenden por medio de la interacción y observación. Según éste autor, las personas toman comportamientos delictivos cuando estos son reforzados en su entorno social.

7) Por otra parte, Gottfredson y Hirschi exponen que el bajo autocontrol, desarrollado en la infancia por influencias sociales y la escasez de oportunidades determinan la propensión a cometer delitos. Aquellos autores que, como estos, han centrado sus estudios en el autocontrol suelen coincidir en que este es un componente esencial en la prevención del comportamiento delictivo. Individuos con un autocontrol alto son menos propensos a sucumbir a las tentaciones delictivas. Programas que refuercen aspectos como el

autocontrol pueden ser efectivos en la reducción de la criminalidad, al proporcionar a las personas herramientas para manejar sus impulsos y tomar decisiones acordes con las normas éticas de su comunidad.

8) Es muy positivo que los policías comprendan la relación entre la moral y la decisión de delinquir. Conocer cómo los valores morales influyen en el comportamiento delictivo permite a los agentes identificar mejor las motivaciones de los delincuentes y desarrollar estrategias más efectivas de prevención y control. La formación en criminología debe incluir aspectos sobre el filtro moral y su impacto en la decisión de cometer delitos, facilitando una intervención policial más informada y ajustada a las complejidades del comportamiento humano.

Tras la conclusión de este capítulo hemos explorado en profundidad la influencia de la moral en la decisión de delinquir, ofreciendo una perspectiva integral y útil para los profesionales de la policía. A lo largo del mismo, hemos examinado diversas teorías criminológicas y su aplicación práctica en el campo policial, siempre con el objetivo de proporcionar herramientas que faciliten la comprensión y prevención del comportamiento delictivo.

Este estudio no solo ha sido un recorrido teórico por las distintas corrientes del pensamiento criminológico, sino que ha pretendido también conectar estas teorías con la realidad cotidiana que enfrentan los policías. Entender cómo la moral y los valores influyen en la decisión de delinquir permite a los agentes del orden público no solo identificar mejor las causas subyacentes del delito, sino también desarrollar estrategias más efectivas para prevenirlo.

Es importante recordar que, aunque hemos destacado la "criminología positiva mayoritaria" y su enfoque en la aplicación de metodologías científicas al estudio del delito, también hemos reconocido las limitaciones actuales de la criminología como ciencia. No se han alcanzado aún conclusiones definitivas que nos permitan predecir o prevenir completamente el comportamiento delictivo. No obstante, el conocimiento y la aplicación crítica de estas teorías pueden marcar una diferencia significativa en la práctica policial.

CAPÍTULO II

LA RELACIÓN ENTRE LA JUSTICIA PERCIBIDA Y LA INFLUENCIA DELICTIVA

2.1 INTRODUCCIÓN DEL CAPÍTULO

La vida en sociedad lleva implícita inexorablemente la asunción de un código ético que establece cuáles son las conductas socialmente aceptables y cuáles están consideradas inaceptables, y este es absolutamente necesario para el propio mantenimiento de ese sistema social. Este código ético, como relación normativa que es, suele plasmarse en forma de Leyes que establecen los estados y que regulan los comportamientos de los individuos. Además, en estados democráticos, asumimos que el establecimiento de determinadas conductas como buenas o malas se ha realizado en base a cierto consenso social, al ejercerse el poder legislativo de forma representativa.

Además de las conductas reguladas por la Ley, pueden existir otro tipo de códigos éticos (escritos o no) con los que se pretenda influir en el comportamiento de los individuos de una sociedad. Estos últimos tratan de controlar comportamientos que pueden estar o no prohibidos por las Leyes, incluso mediante la promoción de conductas o virtudes que se consideran positivas para el bienestar y la armonía de esa sociedad.

Asimismo podemos encontrar códigos éticos sectorizados, diseñados para orientar el comportamiento de grupos específicos dentro de una sociedad. Ejemplos podrían ser el código deontológico de la profesión médica, el código ético y de conducta de los principales partidos políticos o las normas internas no escritas de una tribu urbana.

Como vemos, en una sociedad pueden coexistir varios códigos éticos e incluso en muchas ocasiones llegando a contradecirse entre ellos. Como ejemplo pondremos el caso del clásico Juramento Hipocrático (500 a.C) de la profesión médica, que contiene en sí mismo un código deontológico que a lo largo del tiempo ha ido encontrando oposición en la normativa legal de los estados en alguno de sus puntos (verbigracia la legalización del aborto o de la eutanasia).

Todos los códigos éticos mencionados anteriormente, sin excepción, tienen el objetivo de orientar el comportamiento de un grupo social hacia una forma determinada de actuar.

Como mencionamos, los códigos éticos se establecen dentro de unas estructuras sociales, y en relación a estos, Cloward y Ohlin, cuyos postulados analizaremos a continuación, examinaron cómo las estructuras sociales e institucionales moldean la delincuencia juvenil, señalando como factores clave la falta de oportunidades legítimas y la disponibilidad de medios ilegítimos.

Por otro lado, las estructuras del poder, las normas que dictan, y si estas son apreciadas como legítimas, han sido ampliamente estudiadas por LaFree como un aspecto muy influyente. Este es el otro autor que analizaremos aquí, y cuya aportación consideramos interesantísima en relación al tema que proponemos en estas páginas.

2.2 ¿POR QUÉ ES IMPORTANTE PARA LOS POLICÍAS?

Es muy importante que los profesionales de los cuerpos policiales, entiendan cómo se percibe la justicia y la relación que esto tiene con la incidencia delictiva. La percepción de justicia influye en la legitimidad que los ciudadanos otorgan a las instituciones, y por ende, en su disposición a respetar las leyes. Los policías deben ser conscientes de cómo sus acciones y decisiones impactan en la percepción pública de justicia, afectando directa e indirectamente la tasa de criminalidad.

La labor policial no solo implica la vigilancia del cumplimiento de la ley, sino también la interacción constante con la comunidad. Aporta mucho valor a su profesionalidad que los policías comprendan los diversos códigos éticos que coexisten en la sociedad y cómo estos pueden influir en el comportamiento de los individuos. Al reconocer y respetar estos códigos, los policías pueden fortalecer su relación con la comunidad, promoviendo un entorno de cooperación y confianza mutua.

Además, el conocimiento de la Teoría de la la Deslegitimación de las Instituciones proporciona a los policías herramientas para identificar y mitigar factores que puedan erosionar la confianza pública. Enfrentar la deslegitimación requiere estrategias basadas en la transparencia, la rendición de cuentas y el compromiso con la equidad y la justicia. Los policías, al estar en la primera línea, juegan un papel esencial en la restauración y mantenimiento de la legitimidad institucional.

2.3 LA JUSTICIA PERCIBIDA Y LA INCIDENCIA DELICTIVA: CONSENSO SOCIAL O PROCESO INDIVIDUAL.

A la hora de analizar la relación entre la justicia percibida y la incidencia delictiva, podemos hacerlo desde una perspectiva macro (centrada en factores estructurales, sociales, gubernamentales, culturales, etc) o una perspectiva micro (centrada en factores individuales, como experiencias personales o características intrínsecas o adquiridas de cada individuo). En ambos casos se partiría de la premisa de que **cuando las leyes son vistas como legítimas y justas, se fomenta la obediencia y reduce la propensión a delinquir**. Sin embargo, según la perspectiva, para el caso de la macro, se entendería que esta circunstancia se da cuando existe un amplio acuerdo en la sociedad sobre la justicia de las leyes (consenso social), y para el caso de la micro, se trataría de una percepción individual de cada persona.

Varios son los autores que han escrito sobre esto desde una u otra perspectiva. Alguno que lo ha hecho desde la perspectiva macro, más sociológica, es por ejemplo el sociólogo Émile Durkheim, al que ya hemos estudiado anteriormente; uno de los pioneros en el estudio del control social y la cohesión en la sociedad. Durkheim sostenía que la ley refleja la conciencia colectiva y que el castigo de los comportamientos delictivos refuerza la solidaridad social. Según este autor, "un acto es criminal cuando ofende los estados fuertes y definidos de la conciencia colectiva" (Durkheim, 1893). Esto implica que existe un consenso sobre cuáles son los actos que deben ser castigados, al menos en lo que respecta a los delitos más graves. Sin embargo, este enfoque enfrenta algunas dificultades cuando se intenta aplicar de manera universal a todos los tipos de delitos y de delincuentes. Por otro lado, la obra de Durkheim también presentaba algunas carencias o lagunas, al dejar de lado los elementos y motivaciones individuales.

En esta línea, Robert K. Merton, a través de su teoría de la Anomia, también proporciona una perspectiva valiosa sobre el consenso y el conflicto. Merton sugiere que las estructuras sociales pueden presionar a los individuos a cometer delitos cuando hay una disyuntiva entre las metas culturales y los medios institucionalizados para alcanzarlas. Según Merton, "la desviación surge cuando hay una discrepancia aguda entre las normas culturalmente prescritas y las capacidades estructurales para actuar en conformidad con ellas" (Merton, 1938). Esto sugiere que en sociedades donde las leyes penales son vistas como reflejo de una estructura justa y alcanzable, habrá menos delitos. Como vemos, se trata de un análisis que, en líneas generales y como el resto, se ciñe a la premisa que indicábamos al principio de este apartado, y en este caso, como en el anterior, estaría también enfocado desde una perspectiva más macro o sociológica.

Comenzando a alejarnos de la perspectiva anterior podemos citar por ejemplo a Tom Bernard, quien cuestiona la noción de consenso en la sociedad. Bernard argumenta que la idea del consenso es en gran medida metafísica y difícil de probar empíricamente. Según Bernard, "la suposición de un consenso moral generalizado es más una aspiración que una realidad comprobable" (Bernard T., 1990). A pesar de esto, la investigación empírica ha demostrado que, en términos generales, sí existe un amplio acuerdo sobre ciertos comportamientos que deben ser penalizados, aunque este consenso no es absoluto y varía según el contexto y el grupo social.

Hay otras teorías que no asumen que exista el consenso. Por ejemplo, la tradición de la frustración asume que en las sociedades existe el conflicto, aunque más orientado en este caso el conflicto al alcance de metas que se propongan las personas, pero también puede entenderse desde el punto de vista de que se aplica el reproche penal más a los comportamientos habituales de un determinado grupo social.

Por otro lado, un ejemplo de análisis que sí está más centrado en el individuo sería el de la teoría de la Asociación Diferencial de Edwin Sutherland, que sugiere que el comportamiento delictivo se aprende en interacción con otros y que las normas sociales influyen en este proceso. Si las normas legales están alineadas con las normas sociales percibidas como justas, es menos probable que las personas las violen. Sutherland afirma que "una persona se convierte en delincuente debido a un exceso de definiciones favorables a la violación de la ley sobre definiciones desfavorables a la violación de la ley" (Sutherland E., 1947). Volvemos a ver en este caso la coincidencia en la premisa inicial, solo que en este caso analizado desde la perspectiva micro; del individuo. Se reconoce que la sociedad y sus normas influyen, pero lo hacen en la construcción de las normas morales individuales de cada uno. En esta línea también podemos encontrar otras teorías, como la Teoría de la Acción Situacional de Wikström.

A través del estudio de diferentes teorías criminológicas y sociológicas, podemos concluir que aunque existan distintas perspectivas, ningún autor parece separarse de la idea de que la percepción de justicia y legitimidad en el sistema legal influye enormemente en la decisión de delinquir o no y que por tanto, es necesario que las leyes penales sean vistas como justas y equitativas. Ya las diferencias entre los autores las encontraríamos en si debe ser una percepción colectiva de la sociedad en su conjunto o individual. Veamos las perspectivas de algunos autores:

2.4 LA TEORÍA DE LA TENSIÓN DEL COMPORTAMIENTO CRIMINAL DE CLOWARD Y OHLIN

Richard Andrew Cloward fue un influyente sociólogo y criminólogo norteamericano, conocido por su trabajo en la **Teoría de la Tensión del Comportamiento Criminal** y el concepto de anomia junto con Lloyd Ohlin. En 1960, Cloward escribió *"Delincuencia y Oportunidad; Una Teoría de las Bandas"*, donde argumenta que las subculturas independientes surgen debido a la separación entre metas y medios en la sociedad.

Otros muchos autores en la disciplina ciminológica también parecen centrarse en las subculturas (autores como David Matza o Elliott y sus colegas). Las teorías subculturales, incluida la teoría de las oportunidades diferenciales de Cloward y Ohlin, sostienen que las discrepancias entre fines y medios, especialmente en las clases menos pudientes, generan estrés social que conduce a la delincuencia. Esta obra integra elementos de la Asociación Diferencial de Sutherland, la Anomia de Merton y la subcultura de Cohen, explorando la organización en subgrupos y la tensión entre metas culturales y medios legales para alcanzarlas. Según Vázquez González (2003), la teoría de la desigualdad de oportunidades de Cloward y Ohlin combina elementos de la teoría de la anomia, la teoría de la asociación diferencial y la teoría de la subcultura.

Estos autores expusieron que la delincuencia surge no sólo por la falta de oportunidades legítimas para alcanzar metas sociales, sino también por la disponibilidad de medios ilegítimos para lograrlas. Este fenómeno se intensifica en áreas con escasas oportunidades legítimas y estructuras sociales débiles para controlar la conducta juvenil.

El núcleo de su teoría se centra en las subculturas delincuentes (de las que hablaremos más adelante y las estructuramos en tres apartados), especialmente entre jóvenes de clases desfavorecidas. Cloward y Ohlin (1960) consideran que muchos jóvenes de clase baja se sienten desesperados por la certeza de que su "posición en la estructura social es relativamente fija e inmutable".

En otro sentido, Cloward y Ohlin destacan que la **falta de oportunidades** legítimas de superación, que tienen como consecuencia empleos mal remunerados o la imposibilidad de realizar estudios secundarios, lleva a la formación de pandillas juveniles. Estas pandillas pueden desarrollar «conductas evasivas» como consumo de drogas, alcohol, mendicidad y prostitución (Cloward y Ohlin, 1960).

El mal funcionamiento de la sociedad crea un embudo que dificulta o en su caso anula las oportunidades, impidiendo un mejor nivel económico. Esto genera en los adolescentes sentimientos de frustración y rechazo hacia el orden establecido, lo que fomenta la creación de grupos que comparten la misma animadversión hacia el sistema social que los excluye (en este sentido podemos ver muchas similitudes con el profesor Gary LaFree y su teoría de la deslegitimación de las instituciones, al que estudiaremos a continuación).

Cloward y Ohlin identificaron tres tipos de subculturas delincuentes que emergen en función de las oportunidades diferenciales disponibles:

1.Subcultura Criminal: Se establece en lugares con una organización criminal adulta que facilita el aprendizaje y participación en actividades delictivas como el robo y el tráfico de drogas. Los jóvenes buscan éxito y estatus social a través de medios ilegales, utilizando una estructura organizada similar a una empresa. Ejemplos: bandas callejeras o pandillas mafiosas.

2. Subcultura Conflictiva: Se desarrolla en barrios inestables y desorganizados, con alta movilidad social y falta de control social, donde no hay una estructura criminal adulta establecida ni oportunidades legítimas. Los jóvenes recurren a la delincuencia como una forma de expresar frustración y protesta, participando en actos de violencia y vandalismo.. Según Gilbert Ceballos (1997), "cuando no es posible la innovación organizada, surgen conductas delictivas bajo la forma de subcultura conflictiva". En estos barrios, la impunidad delictiva es alta, lo que lleva a la percepción de la ley como ilegítima, un fenómeno que Kirk y Matsuda (2011) denominan "cinismo normativo" y, como veremos a continuación, LaFree como "deslegitimación de las instituciones". Ejemplos: pandillas territoriales, grupos juveniles violentos.

3.Subcultura Abstencionista o Retraída: Se encuentra en barrios con baja organización criminal y pocas oportunidades tanto legítimas como ilegítimas. Los jóvenes se caracterizan por su apatía y desinterés por las actividades sociales y escolares, por ello pueden involucrarse en consumo de drogas o alcohol, vandalismo menor o pequeños hurtos. Ejemplos: jóvenes desvinculados, grupos apáticos.

CONCLUSIONES Y REFLEXIONES:

Estos autores proporcionan una perspectiva integral sobre la delincuencia, incorporando factores morales, oportunidades diferenciales y estructuras sociales para explicar la génesis y desarrollo de las subculturas delincuentes en contextos desfavorecidos.

La teoría desarrollada por Cloward y Ohlin en *"Delincuencia y Oportunidad: Una Teoría de las Bandas"* (1960) nos da una visión profunda sobre cómo las subculturas delincuentes emergen en contextos desfavorecidos, destacando la influencia importante de las oportunidades diferenciales y las estructuras sociales en la formación del comportamiento criminal entre los jóvenes de clase baja. Desde esta perspectiva, la delincuencia es una respuesta tanto a la falta de oportunidades legítimas como a la disponibilidad de medios ilegítimos en entornos con estructuras sociales débiles.

Desde una perspectiva moral, Cloward y Ohlin sugieren que las normas y valores sociales guían las decisiones individuales respecto a la delincuencia. Aunque algunos infringen normas por necesidades económicas o de supervivencia, otros factores morales pueden actuar como inhibidores de estas conductas.

Algunos críticos señalan que puede simplificar demasiado la complejidad de los factores sociales y económicos que contribuyen al comportamiento delictivo. Además, su aplicación práctica puede verse limitada por la variabilidad de las condiciones sociales y culturales en diferentes contextos.

Para finalizar, la obra de Cloward y Ohlin proporciona un marco teórico robusto para comprender las dinámicas de la delincuencia juvenil y subraya la importancia de abordar las desigualdades estructurales y las oportunidades diferenciales en la prevención y la intervención delictiva en comunidades desfavorecidas.

2.5 LA TEORÍA DE LA ANOMIA DE ROBERT K. MERTON

La teoría de la anomia, desarrollada por Robert K. Merton en su obra seminal "Social Structure and Anomie" (1938), ofrece un marco teórico para comprender las causas subyacentes de la conducta delictiva en relación con las estructuras sociales. Merton argumenta que la anomia surge cuando existe una discrepancia entre los objetivos culturalmente valorados y los medios legítimos disponibles para alcanzarlos. Esta tensión entre fines y medios institucionalizados puede llevar a una disociación que fomente comportamientos desviados, incluyendo el delito.

Merton identifica cinco modos de adaptación que los individuos adoptan frente a esta tensión: conformidad, innovación, ritualismo, retraimiento y rebelión. De estos, la "innovación" es particularmente relevante para el estudio de la criminalidad, ya que describe cómo algunos individuos, al encontrarse limitados por los medios legítimos, optan por alcanzar sus objetivos a través de medios ilegítimos. Según Merton, "cuando la estructura social restringe el acceso a oportunidades legítimas, el individuo puede verse tentado a emplear medios ilegítimos para alcanzar metas culturales, como el éxito económico" (Merton, 1938).

Este marco teórico tiene implicaciones directas para la justicia percibida y su influencia en la criminalidad. En sociedades donde las instituciones no son vistas como justas o equitativas, la percepción de anomia se intensifica, llevando a un mayor número de individuos a justificar la delincuencia como un medio para alcanzar sus objetivos. La percepción de injusticia, entonces, no solo erosiona la confianza en las instituciones, sino que también alimenta el ciclo de comportamiento delictivo, al validar la desviación como una respuesta racional a las barreras estructurales percibidas.

Merton defiende por tanto que las tensiones sociales pueden llevar al delito, y la "innovación", sería un método de adaptación. En este contexto, los individuos reconocen y aceptan los objetivos culturales impuestos por la sociedad, como el éxito material, pero se ven obligados a buscar medios alternativos (a menudo ilegítimos) para alcanzarlos debido a la falta de acceso a los medios legítimos. Merton señala que "la presión para alcanzar el éxito mediante cualquier medio posible, incluso a costa de las normas y reglas establecidas, es un motor poderoso para el comportamiento delictivo" (Merton, 1938).

La teoría de la anomia no solo aborda la criminalidad desde un punto de vista estructural, sino que también pone en evidencia la importancia de la percepción de justicia. Cuando las personas perciben que las instituciones no proporcionan igualdad de oportunidades o que las leyes no se aplican de manera justa, aumenta la probabilidad de que recurran a la desviación. Esto es particularmente relevante para los cuerpos policiales, que deben ser conscientes de cómo las percepciones de injusticia pueden influir en el comportamiento delictivo.

Por ejemplo, en comunidades donde el acceso a oportunidades educativas o laborales es limitado, y las instituciones no son percibidas como justas, la teoría de la anomia sugiere que estas comunidades podrían experimentar mayores tasas de criminalidad. La percepción de que el sistema está diseñado en su contra puede llevar a los individuos a justificar la transgresión de las normas como una forma de alcanzar metas que, de otro modo, parecerían inalcanzables.

CONCLUSIONES Y REFLEXIONES:

Es muy útil conocer la teoría de la anomia de Robert K. Merton a la hora de estudiar cómo las desigualdades estructurales y la percepción de injusticia pueden llevar a la delincuencia. Para abordar la prevención del delito es bueno entender la perspectiva de que la criminalidad no solo es el resultado de decisiones individuales, sino también de la tensión entre las metas culturales y los medios disponibles para alcanzarlas.

Esta teoría subraya la importancia de no solo aplicar la ley, sino también de comprender y mitigar las causas subyacentes de la criminalidad. En relación a esto, consideramos que es conveniente **trasladar a los profesionales de los cuerpos policiales que las estrategias de prevención del delito** deben ir más allá de la vigilancia y el castigo; **deben incluir esfuerzos para mejorar la percepción de justicia en la comunidad**, asegurando que todos los ciudadanos sientan que tienen un acceso equitativo a las oportunidades y que las instituciones trabajan para su bienestar.

Al reducir la disonancia entre los objetivos culturales y los medios legítimos para alcanzarlos, las fuerzas y cuerpos de seguridad pueden desempeñar un papel importante en la disminución de la anomia y, en consecuencia, en la reducción de la criminalidad. En última instancia, una sociedad que percibe a sus instituciones como justas y equitativas será menos propensa a experimentar los efectos negativos de la anomia, y los policías, al estar en la primera línea de contacto con la comunidad, son esenciales en este proceso de legitimación institucional.

2.6 LA TEORÍA DE LA DESLEGITIMACIÓN DE LAS INSTITUCIONES DE GARY LAFREE

Como comentábamos en el apartado 3, en el que estudiábamos a Croward y Ohlin, en los postulados de Gary La Free podemos encontrar algunas similitudes con los de estos, especialmente en lo que se refiere a que una animadversión al sistema social puede provocar que los individuos tiendan a incumplir las normas de este.

Gary Lafree sigue una línea de ideas, que ya exploraba el sociólogo francés Émile Durkheim, orientada a la conexión entre la moral social y las normas legales, así como de la importancia de la cohesión social en la regulación de la conducta. En nuestros trabajos relacionados con esta disciplina nos hemos centrado en estudiar los postulados de distintos autores desde la perspectiva de la moral, y es por ello que queremos exponer aquí la **Teoría de la Legitimación de las Instituciones** (Gary Lafree, 1998), la cual entendemos que aporta más profundidad a la perspectiva que queremos ofrecer. El autor, en su libro *Losing Legitimacy: Street Crime And The Decline Of Social Institutions In America (1998),* presenta una teoría sobre la relación entre la deslegitimación de las instituciones sociales y el aumento del crimen callejero en Estados Unidos. En ella explica que el debilitamiento de las instituciones clave puede generar un ambiente propicio para la proliferación del comportamiento delictivo.

LaFree argumenta que la legitimidad de las instituciones sociales es fundamental para mantener el orden y la cohesión social. Cuando estas instituciones, que incluyen el sistema de justicia penal, las escuelas, las iglesias y la familia, pierden su legitimidad, la sociedad experimenta un incremento significativo en el crimen. Según LaFree, "**cuando las personas perciben que las instituciones sociales son injustas, corruptas o ineficaces, su disposición a obedecer las normas y leyes disminuye**" (**LaFree, 1998**). Esta percepción de injusticia y falta de eficacia erosiona la confianza en las instituciones, lo que lleva a un aumento en la conducta desviada.

La obra de LaFree se basa en un análisis detallado de datos históricos y contemporáneos que muestran cómo las fluctuaciones en la legitimidad institucional afectan las tasas de criminalidad. Por ejemplo, LaFree observa que "las tasas de homicidios aumentaron dramáticamente durante los períodos en los que las instituciones sociales fueron percibidas como especialmente débiles o corruptas" (LaFree, 1998). **Esta correlación entre la deslegitimación institucional y el crimen violento es un punto central en su teoría.**

Uno de los aspectos más innovadores de la teoría de LaFree es su enfoque en la interconexión entre diferentes instituciones sociales. Argumenta que la deslegitimación de una institución puede tener un efecto dominó en otras, exacerbando el problema de la criminalidad. Por ejemplo, "la deslegitimación del sistema educativo puede llevar a una menor confianza en el sistema de justicia penal, lo que a su vez puede aumentar la percepción de impunidad entre los delincuentes" (LaFree, 1998). Este enfoque holístico destaca la necesidad de fortalecer todas las instituciones sociales para combatir eficazmente el delito.

Este autor también explora cómo los cambios socioeconómicos y políticos contribuyen a la deslegitimación institucional. En su análisis, la creciente desigualdad económica y la polarización política son factores clave que han debilitado las instituciones en Estados Unidos. "La creciente brecha entre ricos y pobres no solo genera tensiones sociales, sino que también socava la confianza en las instituciones que deberían ser percibidas como garantes de la justicia y la equidad" (LaFree, 1998).

Para abordar la deslegitimación institucional y sus efectos nocivos, LaFree sugiere una serie de reformas que incluyen la mejora de la transparencia y la responsabilidad en las instituciones, así como la promoción de políticas que fomenten la equidad y la justicia social. "Solo a través de un compromiso renovado con la equidad y la justicia podemos restaurar la legitimidad de nuestras instituciones y reducir el crimen" (LaFree, 1998). En este llamamiento a la acción percibimos la necesidad que observaba LaFree de promover reformas sistémicas para crear una sociedad más justa y segura. Como LaFree concluye, "restaurar la legitimidad de nuestras instituciones es esencial para crear una sociedad donde el orden y la justicia prevalezcan" (LaFree, 1998).

CONCLUSIONES Y REFLEXIONES:

Como decíamos en el primer párrafo de este apartado, el estudio de la obra de LaFree nos invita a plantear una capa más de profundidad al análisis que estamos haciendo del delito desde la perspectiva de la moral. En este caso **podríamos entender la legitimación de las instituciones como un factor que se aplicaría transversalmente a todos los valores morales** de un individuo, pudiendo provocar que los aplique de una manera más firme o más laxa.

Entendiéndolo de esta forma también concluimos que, aunque el autor lo plantea desde otra perspectiva, realmente esta orbita alrededor de la moral, ya que el hecho de que la persona no tenga confianza en las instituciones que le exigen el cumplimiento de las normas, hace que esa persona no añada dichas normas a su lista de valores morales, o que si ya formaba parte de sus valores, que modifique el peso que tiene para él y que por tanto, pase a considerar ese valor como más o menos importante.

Según la teoría de LaFree, el proceso mental de una persona que se plantee una alternativa de acción como delito podría ser algo así: si las instituciones son las primeras que no cumplen las leyes, si no me siento representado por los que las componen, si no persiguen al que incumple las leyes, ¿por qué voy a cumplirlas yo si es más beneficioso no cumplirlas?.

Imaginando el conjunto los valores morales de un individuo como un filtro por el que debe pasar la idea de delinquir, cada valor moral podríamos entenderlo como una capa de ese filtro, y podríamos entender que la ilegitimidad de las instituciones afectaría a la permeabilidad de esas capas, dejando pasar ciertas alternativas de acción como válidas cuando en otras circunstancias el filtro las habría retenido.

En el tercer capítulo exponemos una explicación de cómo podría ser el proceso por el que pasa la idea de delinquir antes de convertirse en acción. Para la construcción de esta explicación tenemos en cuenta esta teoría de Gary LaFree, ya que consideramos que es realmente influyente en el proceso mental que se produce cuando una persona valora sus alternativas de acción y algunas de ellas son delictivas. Allí consideramos, que más que modificar los valores morales de la persona, el factor la de ilegitimidad de las instituciones hace que la idea de delinquir sea más penetrante al filtro de los valores morales, aunque estos sean contrarios al contenido de dicha idea. En el siguiente capítulo se analiza este proceso en profundidad.

2.7 CONCLUSIONES DEL CAPÍTULO

En el análisis de la influencia delictiva, hemos explorado cómo la percepción de justicia y las estructuras sociales pueden incentivar o disuadir el comportamiento delictivo. A lo largo de este capítulo se ha destacado la importancia de entender las teorías sociológicas, como la teoría de la anomia de Merton, para comprender las raíces del delito más allá de los actos individuales. La interacción entre metas culturales y los medios legítimos disponibles es algo que no solo explica la desviación en contextos de anomia, sino también en situaciones donde las desigualdades estructurales se agudizan, como lo expusieron Cloward y Ohlin en su teoría de las oportunidades diferenciales.

Cloward y Ohlin desarrollaron la idea de que la existencia de oportunidades ilegítimas dentro de una estructura social influye directamente en la naturaleza de la actividad delictiva. Esta teoría complementa la de Merton al sugerir que no todos los individuos tienen el mismo acceso a las oportunidades, incluso ilegítimas. En las comunidades donde las vías legítimas son limitadas o inexistentes, pero donde existen claras oportunidades para la delincuencia, es más probable que los individuos se involucren en actividades delictivas como una forma de alcanzar sus objetivos.

Esta noción subraya la relevancia de la percepción de justicia: en entornos donde el acceso a las oportunidades no es equitativo, la ley y el orden pueden perder legitimidad, incrementando así la tendencia hacia la delincuencia. Para los cuerpos policiales, comprender estas dinámicas es esencial no solo para la prevención del crimen, sino también para construir estrategias que fortalezcan la legitimidad institucional. La creación de un entorno donde las oportunidades legítimas sean accesibles para todos es importante para disminuir la presión hacia las oportunidades ilegítimas y, por ende, reducir la criminalidad.

Con la teoría de la anomia de Robert K. Merton hemos estudiado su punto de vista sobre cómo las tensiones entre las metas culturales y los medios disponibles para alcanzarlas pueden conducir al comportamiento delictivo. Esta teoría nos revela que cuando los individuos se encuentran en situaciones donde las vías legítimas para lograr el éxito son limitadas o inaccesibles, es más probable que recurran a medios ilegítimos para alcanzar sus objetivos. Merton subraya que "la estructura social restringe el acceso a oportunidades legítimas, lo que puede llevar a los individuos a emplear medios ilegítimos para alcanzar metas culturales" (Merton, 1938).

Este punto de vista es particularmente relevante para las fuerzas y cuerpos de seguridad, ya que les proporciona un marco teórico para entender la relación entre la percepción de justicia y la criminalidad. La falta de acceso a medios legítimos no solo genera frustración y alienación, sino que también puede ser vista como una forma de injusticia estructural, lo que a su vez debilita la legitimidad de las instituciones encargadas de mantener el orden. Cuando las personas perciben que las leyes y las instituciones no funcionan de manera justa o equitativa, aumenta la probabilidad de que justifiquen el uso de medios ilegítimos, lo que puede llevar a un incremento en la delincuencia.

Por lo tanto, las políticas y estrategias de prevención del delito deben considerar no solo la aplicación de la ley, sino también la creación de un entorno que ofrezca oportunidades legítimas y percibidas como justas para todos los miembros de la sociedad. La anomia, como la describe Merton, no es solo una cuestión de desajuste individual, sino un reflejo de fallos estructurales que pueden ser abordados mediante políticas públicas que fomenten la equidad y la justicia. En este sentido, las fuerzas y cuerpos de seguridad tienen un papel importante no solo en la represión del delito, sino en la promoción de un entorno social más justo y equitativo, que minimice las tensiones que conducen al comportamiento delictivo.

Gary LaFree, en su análisis de la relación entre el crimen y la legitimidad institucional, aporta su visión sobre cómo la percepción de la autoridad y el respeto por las normas legales influyen en las tasas de criminalidad. LaFree argumenta que cuando las instituciones pierden legitimidad ante los ojos de la ciudadanía, se debilita el control social informal, y en consecuencia, aumentan los comportamientos delictivos. Esto se alinea con la teoría de Merton, en la que la anomia se genera cuando las estructuras sociales no proporcionan los medios adecuados para alcanzar los fines culturalmente valorados, lo que puede llevar a una mayor desobediencia a las normas.

LaFree enfatiza que la confianza en las instituciones y la percepción de su legitimidad son fundamentales para mantener el orden social. Cuando las personas creen que las instituciones actúan de manera justa y equitativa, es más probable que cumplan con las leyes y respeten las normas sociales. Sin embargo, si perciben que estas instituciones son corruptas, ineficaces o injustas, la motivación para obedecer las leyes disminuye, lo que puede resultar en un aumento de la delincuencia. Según LaFree, "la legitimidad de las instituciones es crucial para el control social, ya que una pérdida en la legitimidad puede desatar un ciclo de aumento de la delincuencia y deterioro del orden social" (LaFree, 1998).

En definitiva, tanto la teoría de Merton como la de LaFree subrayan la importancia de la legitimidad institucional en la prevención del delito. Para los cuerpos policiales, esto implica no solo enfocarse en la aplicación de la ley, sino también en fortalecer la confianza pública en las instituciones. Esto puede lograrse mediante prácticas transparentes, justas y equitativas que demuestren a la ciudadanía que las leyes y las instituciones están al servicio de todos, y no solo de unos pocos. Al fomentar un sentido de justicia y equidad, es posible reducir las tensiones sociales que conducen a la anomia y, por ende, a la criminalidad. Así, la policía no solo actúa como un agente de control, sino también como un pilar esencial en la construcción de una sociedad más justa y segura.

CAPÍTULO III

EL PROCESO SITUACIONAL DE PÉREZ Y PAREJO ORIENTADO A POLICÍAS

3.1 INTRODUCCIÓN DEL CAPÍTULO

En este capítulo, y en la línea que seguimos en este libro, acercamos a los miembros de los cuerpos policiales al análisis del proceso que lleva a un individuo a delinquir, ya que este análisis puede ayudar a diseñar estrategias de prevención y respuesta más efectivas. Podría pensarse que el diseño de dichas estrategias es algo reservado solo a mandos policiales o dirigentes políticos, pero debemos ser conscientes de que el conocimiento de las motivaciones de la persona que delinque siempre va a contribuir a la profesionalidad de los efectivos policiales, que en ocasiones pueden poner en práctica. Por poner solo un ejemplo, y anticipando que la educación es un factor clave en la formación de los valores morales, en la actualidad se está dando cada vez más importancia al factor educativo de las policías, cada vez con más programas de colaboración con colegios e institutos y en muchas ocasiones, el diseño de esos contenidos es destinado a policías que voluntariamente se ofrecen para prestar dichos servicios.

Es por ello que, dado que la intervención en fases tempranas influye a la hora de mitigar la materialización de conductas delictivas, es importante que los miembros de los cuerpos policiales, especialmente si van a intervenir en servicios educativos, conozcan algunas teorías sobre cómo llega la idea de delinquir en convertirse en acción, así como los distintos factores en la construcción de los valores morales.

En los dos capítulos anteriores hemos estudiado a diversos autores que trataban de dar explicación al proceso delictivo y lo hemos hecho desde la perspectiva de la moralidad. En las siguientes páginas estudiaremos **el filtro moral** por el que pasa la idea de delinquir en una persona, pudiendo dar como resultado cometer finalmente el delito o no.

Partiremos de la premisa de que a una persona, al interaccionar con su entorno, le surgen una serie de tentaciones y de provocaciones, por ejemplo: la existencia de un bien que uno quiere para sí mismo, o una ofensa de la que posiblemente uno quisiera defenderse. Ante estas provocaciones o tentaciones **se inicia un proceso mental** (que puede ser más o menos complejo según el tipo de decisión a tomar) que en algún momento posterior, hará que estas tentaciones o provocaciones, o bien las ideas que surjan, habrán de pasar por un filtro.

Aquí es donde entra en juego **la moral** de los individuos; ese conjunto de **valores** que cada uno ha ido asumiendo como suyos, que entiende como parte de su identidad. Este conjunto de valores evidentemente puede estar influido por los códigos éticos de los grupos sociales a los que se ha visto expuesto el individuo, pero en absoluto tienen por qué coincidir literalmente con uno de ellos; al contrario, pueden consistir en la asunción de determinadas normas de un código, el rechazo de otras de ese mismo y la adición de otras de un tercero, conformando así un propio código de valores morales. Los valores morales de un individuo no tienen por qué estribar en la determinación de cada posible conducta como buena o mala. Lejos de esa limitada dicotomía, los valores pueden estar conformados también por otros conceptos igualmente muy profundos como por ejemplo la familia, la libertad o el honor, y que además se pueden graduar en cuanto a la importancia que les da el individuo. En este sentido, un individuo iría formando su conjunto de valores mediante respuestas a preguntas como: ¿cómo de importante es para mí el honor?, ¿y la libertad?, ¿y la familia?. Todo esto hace diferente a cada individuo y por tanto las decisiones que puedan tomar con respecto a ejecutar determinadas acciones.

A este respecto consideramos imprescindible el estudio de la obra de Per.Olof H. Wikström que, en su Teoría de la Acción Situacional estudia cómo las personas deciden cometer delitos en función de sus propios valores morales y del entorno contiguo, definiendo así su tendencia al delito. Este enfoque incluye por tanto, además de los valores morales, aspectos sociales e institucionales para estudiar cómo se manifiesta y por ende cómo puede prevenirse el comportamiento delictivo.

Expondremos a continuación cuáles fueron los planteamientos de este autor y especialmente cómo entendía que se estructuraba ese proceso mental (proceso situacional) y como veremos, para él el paso por el filtro moral era un paso que se encontraba muy al inicio de ese proceso.

Para concluir presentaremos la alternativa que proponemos los autores de esta publicación al proceso situacional que plantea Wikström como parte de su Teoría de la Acción Situacional.

Comenzaremos exponiendo resumidamente el planteamiento de Wikström, y las partes fundamentales de su teoría.

3.2 PER-OLOF H. WIKSTRÖM

Per-Olof Helge Wikström, con la Teoría de la Acción Situacional (2006) hace especial énfasis en la moralidad del delito. El delito se analiza como una acción moral por la cual una persona será más o menos propensa a un delito concreto en función de cómo pase esa conducta delictiva el filtro de su propia moral. En el caso de esta teoría, este proceso se denomina «situación», pero ya podemos comenzar a observar que, a pesar de la diferencia en los términos que utilizan distintos autores, el de Wikström a este respecto es un enfoque similar al que venimos dando en este trabajo.

Para entender mejor la Teoría de la Acción Situacional, es necesario comprender cuatro términos que se utilizan en la misma y que probablemente, en una primera lectura, podrían llevar a error al entenderlos en su sentido literal. Estos términos, en el ámbito de esta teoría son los siguientes:

Persona: No difiere especialmente de su significado en nuestra lengua. Se refiere al individuo concreto, con sus valores morales, que le estimularán a considerar determinadas acciones como alternativas de acción o le disuadirán de realizarlas, es decir, que tendrá sus diferentes **propensiones**.

Entorno: El entorno se refiere al contexto. Es aquello que percibimos naturalmente a nuestro alrededor, tal como lugares, objetos, sonidos, personas, etc. Este término, por su relación con el siguiente, puede inducir a algo de confusión en una primera lectura ya que, en una interpretación literal, podríamos entender que estamos hablando de «la situación». Como decimos, en un sentido literal podría ser adecuado, pero para entender esta teoría es recomendable alejarse de ese término ya que aquí se utiliza en otro sentido, como vemos a continuación.

Situación: Es el término que más induce a confusión. Se refiere a **un proceso** por el cual una persona que **percibe** un determinado conjunto de factores o circunstancias que le afectan (una situación en un sentido más literal), se ve **motivado** a actuar (tentación - provocación), considera distintas opciones de actuación y **elige** ejecutar una de ellas (que puede ser o no el delito). Por eso, encontraremos referencias a que es un proceso de **percepción-elección**.

Acción: Este término tampoco difiere de su significado literal. Es el ejercicio de un acto, una actividad, un hecho, etc.

Según esta teoría, una persona tendrá unas determinadas propensiones hacia determinadas acciones, que pueden ser delictivas o no. Por tanto, una misma persona también puede ser propensa a la comisión de un tipo delictivo y no serlo a otro tipo.

Un entorno puede, por sus características, ser más criminógeno que otro e incluso ese carácter criminógeno puede estar orientado a un tipo de delito y no a otros (por ejemplo, tener una orientación criminógena hacia delitos contra los derechos de los trabajadores, pero no hacía delitos contra la propiedad). Hay que entender que un entorno puede tener unas determinadas normas éticas, que pueden o no coincidir con la Ley. A esto se han referido otros autores como Matza (1964) o Elliott y asociados (1985) cuando se referían a las subculturas o subgrupos respectivamente, que en este caso tendrían gran relación con este concepto de entorno, ya que podríamos estar hablando, por ejemplo, de una congregación religiosa o una comunidad okupa. El entorno, por tanto, puede tener sus propias normas éticas y estas **influir en la formación de los valores morales de los individuos que se encuentran en él**, estimulando o desincentivando determinadas conductas que podrían ser delictivas. De esta forma, si una de estas normas de un entorno estimula un determinado delito, esto contribuiría a que pudiéramos considerar ese entorno como criminógeno.

Recomendamos tener a mano la siguiente Figura 1, que explica el proceso situacional de Wikström, para su visualización mientras se continúa con la lectura de los siguientes párrafos. Esto ayudará a comprender el proceso que explicamos.

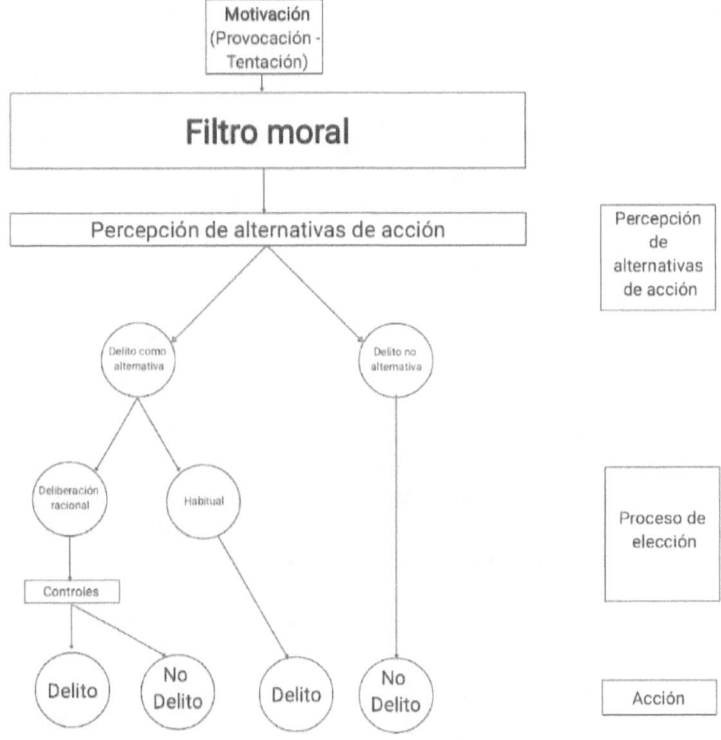

Figura 1. El proceso situacional de Wikström. Basado en información de: *Wikström P-O. H. (2011). Does everything Matter? Addressing the problem of causation and explanation in the study of crime. When Crime Appears: The Role of Emergence. (eds. J.M. McGolin, C.J. Sullivan and L.W. Kennedy), Routledge, London.* Edición: *Pérez y Parejo, 2024.*

Las características de la persona y del entorno son factores que influyen en la comisión de actos delictivos, pero lo que es realmente determinante según este autor es la «**situación**»; el proceso de percepción-elección. Es importante entender que lo que exponemos a continuación se trata de un proceso

secuencial que puede ocurrir en la mente con mucha rapidez, pero siempre siguiendo la secuencia que se describe. Cuando una persona interacciona con un entorno se generan oportunidades o fricciones (vemos estos términos en ocasiones en sustitución de tentaciones o provocaciones, utilizados anteriormente). Alguien puede desear algo de su entorno o querer defenderse de algo que le afecta, es decir, puede haber tentaciones o provocaciones. A esto lo llamamos **motivadores**. Pues bien, una vez que una persona percibe una motivación, entra en juego el tema central: la moralidad; el paso de la idea por el **filtro de los valores morales** de la persona. En este proceso de percepción-elección, la persona valorará en qué medida un acto (que puede estar prohibido por la Ley) concuerda o por contra entra en conflicto con sus propios valores morales. Aún no habríamos entrado en el subproceso de elección, ya que con anterioridad a este es cuando se abren las **alternativas** de acción, que básicamente consistirían en llevar a cabo un acto delictivo o no, es decir, si contempla el delito como una alternativa de acción. Este es probablemente el punto más importante de todos según plantea esta teoría, **ya que si en la percepción de alternativas de acción no se contempla el delito como una de ellas, ni siquiera se llegaría al proceso de elección**; de hecho la mayoría de las personas no ve el delito como una alternativa de acción. Si el acto prohibido entra en conflicto con sus valores, será muy difícil que la persona contemple como alternativa el delito y por tanto, decidirá no delinquir. Si el acto concuerda con sus valores (aunque podría ser parcialmente) habrá más posibilidades de que contemple la posibilidad de delinquir. Esto es referido en la Teoría de la Acción Situacional como el Principio de la Correspondencia Moral. Llegados a este punto, **si contempla la posibilidad de delinquir**, aún queda una última barrera que podría hacer a la persona desistir de su idea de delinquir, que es lo que se denominan en esta teoría **«controles»**, de lo que podría ser ejemplo el autocontrol como control interno, o la disuasión como control externo (por ejemplo el miedo a las consecuencias de cometer el delito). Estos controles tendrán cada vez menos efecto sobre la decisión cuanto más habituada esté la persona a cometer actos delictivos, ya que el delincuente habitual tenderá cada vez más hacia la opción de delinquir. Si esta última barrera de los controles falla, la persona cometerá el delito.

La Teoría de la Acción Situacional, como hemos expuesto, centra el estudio de las causas del delito en el proceso de percepción-elección cuando una persona determinada se encuentra interaccionando con un ambiente concreto. Esto es el modelo situacional. Por otra parte, el autor no deja de lado el estudio de lo que refiere como **«las causas de las causas»**, que serían las causas sociales del delito (procesos de emergencia y selección). Esto es el modelo social. No ahondaremos en esta parte de la teoría (modelo social) aunque describiremos someramente que estudia cómo un entorno llega a ser como es (su carácter criminógeno), cómo se forman los valores morales y el autocontrol de una una persona para que termine teniendo una mayor o menor propensión al delito, cómo determinadas clases de personas acaban inmersos en determinadas clases de entornos y los procesos históricos de emergencia social y personal que serían los que dan lugar a que determinada clase de personas y determinada clase de entornos estén presentes en una jurisdicción concreta.

CONCLUSIONES Y REFLEXIONES:

Aunque en la explicación de cómo plantea Wikström el paso de la idea de delinquir por el filtro moral hemos utilizado una expresión como "entra en conflicto con sus propios valores morales", lo hacemos para poder explicar de la mejor manera lo que hemos percibido en el estudio de la obra del autor, aunque lo cierto es que Wikström no profundiza especialmente en explicar qué es la moralidad. En este sentido, coincidimos con otros criminólogos que lo han estudiado, como el profesor Serrano Maíllo, en que echamos en falta una mayor explicación al respecto ya que en definitiva, la moralidad es un elemento central en la teoría. No consideramos que la moralidad deba medirse de forma cuantitativa (alguien es alto o bajo en moralidad), y menos aún utilizando variables como las emocionales de anticipación de culpa o vergüenza. De hecho, consideramos que concretamente estas variables mencionadas realmente influyen en un momento posterior del proceso; como «controles». Este es uno de los motivos por el que empezamos a plantearnos la elaboración del proceso situacional alternativo que proponemos en el siguiente apartado (en el cual estas variables encajarían dentro de los «modificadores negativos»).

También relacionado con esta falta de concreción sobre qué es la moralidad, hemos observado que hay en la actualidad otros autores como el profesor Janosch González hace en sus estudios un uso del concepto que no consideramos adecuado por usarlo como un factor cuantificable de forma absoluta. Por el contrario, consideramos acertado alejarse de esta línea por motivos sobre los que profundizaremos en el apartado siguiente cuando expliquemos el filtro de los valores morales según nuestra propuesta de proceso situacional.

A pesar de lo mencionado, hemos podido observar que la Teoría de la Acción Situacional de Wikström utiliza un enfoque muy adecuado; un enfoque en el que se pone en el centro el proceso del paso de la idea de delinquir por el filtro de los valores morales de la persona.

No había sido coincidencia que hubiéramos dejado para el último de los autores a incluir en el apartado 2 ya que, tras las conclusiones expuestas acerca del resto de autores

Tras haber analizado a otros autores en anteriores publicaciones, en esta podría notarse que durante el estudio de la Teoría de la Acción Situacional nos hemos sentido especialmente cómodos al comprobar la coherencia y concordancia de la misma con nuestro planteamiento de estudiar la decisión de delinquir desde la perspectiva de la moral.

Hemos sido conscientes de que estábamos planteando este estudio centrándonos solo en uno de los factores que influyen en la decisión de delinquir (la moral). Aunque sabiendo que también influyen otros factores, hemos realizado nuestros estudios hasta la fecha con la intuición de que el factor de la moralidad nos parecía el más importante. Este planteamiento nos ha permitido ver las diferencias de cómo incluyen unos autores y otros la moralidad en sus teorías, llevándonos la impresión de que los planteamientos de la mayoría de ellos es muy compatible con la idea del paso de la idea de delinquir por el filtro de los valores morales del individuo, aunque cada uno utilice una terminología distinta que se adapte mejor a su perspectiva. Pero es en la Teoría de la Acción Situacional de Wikström donde encontramos una compatibilidad más clara con ese planteamiento. En cualquier caso, como hemos mencionado, proponemos en el siguiente apartado una posible alternativa como aportación a esta disciplina.

3.3 PROCESO SITUACIONAL DE PÉREZ Y PAREJO, 2024.

Como aportación a la disciplina, planteamos una posible forma alternativa al proceso situacional que forma parte de la teoría de Wikström, en el que básicamente cambiaría el orden de las operaciones del proceso y según el cual **la percepción del delito como alternativa siempre estaría presente y sería previa al paso por el filtro moral**.

Para la mejor comprensión del proceso, recomendamos la lectura de la explicación de la misma junto con la observación del diagrama contenido en la Figura 2.

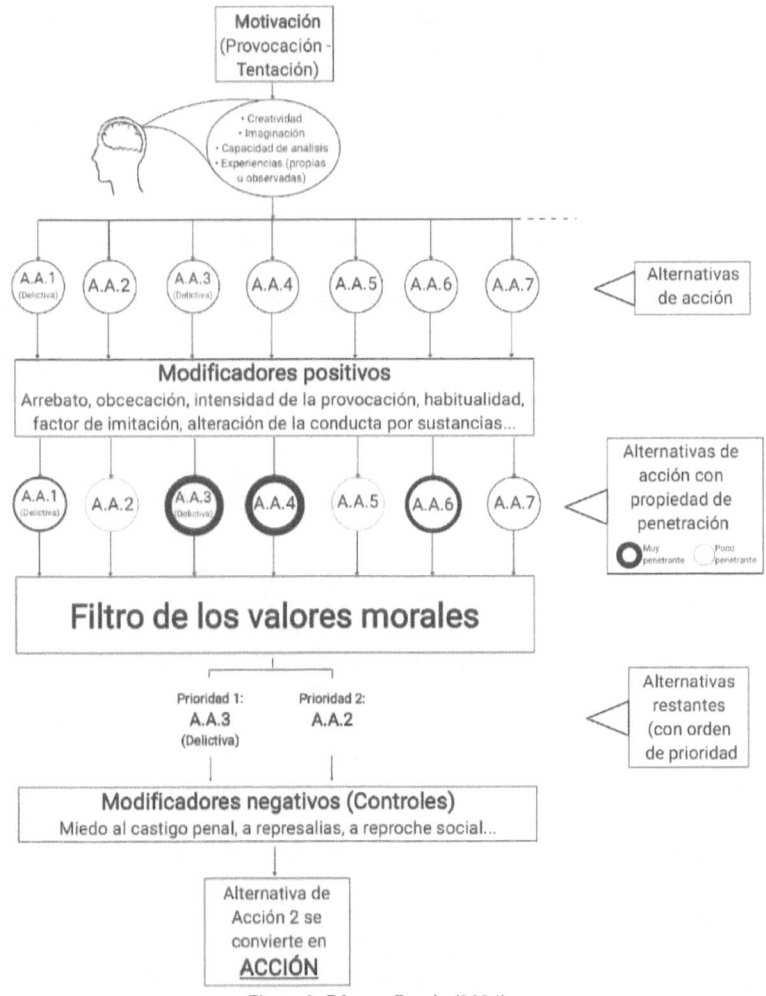

Figura 2. Pérez y Parejo (2024).

Según el planteamiento que aportamos, cuando una persona en un entorno se viera expuesta a una provocación o una tentación, pensaría en este momento las **alternativas de acción**. En qué consistan esas alternativas dependerá de factores como la capacidad de análisis, la imaginación, la creatividad de la persona, o la experiencia propia u observada en otros, resultando que de todas las posibles alternativas que pudiera considerar, algunas de ellas pudieran ser delictivas. Por tanto, el delito como alternativa se habría presentado en este momento cercano al inicio del proceso, a diferencia del proceso situacional propuesto por Wikström.

En este proceso que proponemos existirían dos tipos de modificadores que afectarían a las alternativas de acción: Modificadores Positivos y Modificadores Negativos. Explicaremos los Modificadores Negativos posteriormente ya que entran en acción en un momento posterior del proceso, y no en este momento en el que nos encontramos, donde sí entran los Modificadores Positivos.

MODIFICADORES POSITIVOS: Son aquellos que favorecen que una alternativa de acción se considere como más viable.

Estos modificadores positivos entrarían en juego en una fase más temprana que los negativos; justo tras plantearse las alternativas de acción, modificando las mismas, asignándoles una propiedad: la de ser **más penetrantes** al filtro de los valores morales, al que se someterán a continuación. Así, por ejemplo, si una de las alternativas de acción consiste en un acto que la persona está muy acostumbrada a hacer en situaciones similares (**habitualidad**), esa alternativa será más penetrante y por lo tanto le será más fácil pasar el filtro de los valores morales, aunque pueda contradecir en alguna medida alguno de dichos valores. Ahondando más en el ejemplo: si una de las alternativas de acción consistiera en hurtar un objeto y la persona está muy habituada a hurtar, aunque realmente sus valores le digan que no está bien hurtar, la habitualidad hará que la idea pase el filtro y siga considerando el hurto como una opción viable.

Aunque a continuación detallaremos cuáles pueden ser algunos de esos modificadores, ponemos otro ejemplo con otro de ellos: Una persona que descubre infraganti cómo su pareja le es infiel con un amante y seguidamente agrede al amante, causándole lesiones. Quizás esa persona, en otras circunstancias, habría decidido no realizar la conducta delictiva, pero esa alternativa de acción adquirió más peso (se volvió más penetrante) al verse influida por el modificador positivo del **arrebato**.

Solo hemos puesto ejemplos con alternativas de acción delictivas y puede parecer por ello que estos modificadores positivos solo modifican las alternativas consistentes en conductas desviadas. Pero no es raro el caso de que los valores morales de la persona se contrapongan a las normas de una comunidad y en este caso, la alternativa de acción no desviada sería la que necesitaría del refuerzo de estos modificadores para poder pasar el filtro. Por ejemplo, una persona que por sus valores morales entiende que el rico no es merecedor de lo que tiene y es justo quitárselo. En este caso los modificadores positivos como la imitación (de personas cercanas que sí respetan la Ley) o la habitualidad (al no haber robado nunca con anterioridad por ejemplo), harían más permeable al filtro de los valores morales la alternativa de no robarle, alternativa que quizás, sin estos modificadores, no habría pasado el filtro.

Algunos modificadores positivos pueden llegar a ser muy poderosos en ocasiones (como el caso del arrebato), llegando a convertir en definitiva una alternativa de acción que va en contra de los valores morales de una persona. Por lo tanto, aunque en esta y anteriores publicaciones nos hemos centrado en la fase siguiente (el filtro moral), esta es una fase importantísima del proceso situacional que proponemos.

Algunos ejemplos de modificadores positivos serían:

- La oportunidad: Las personas tienden a elegir alternativas de acción de entre aquellas que tienen disponibles y son más probables cuando estas suponen poco esfuerzo. Por ejemplo, apropiarse de una cartera con dinero, que contiene el DNI del propietario. Si sabe que la cartera se encuentra en un lugar de difícil acceso, que tiene que superar obstáculos para llegar y se encuentra en un lugar bastante vigilado por la policía, será menos probable que elija apropiársela como alternativa, pero si se la encuentra en medio del desierto, esta alternativa se volverá más penetrante al filtro moral.

- La intensidad de la motivación: Dado que las motivaciones son provocaciones o tentaciones, estas influyen en la elección de las alternativas. Cuando la tentación o la provocación es muy intensa, una alternativa que satisfaga la tentación o contrarreste la provocación puede volverse más penetrante al filtro moral.

- La habitualidad: Cuando la persona ya ha realizado en otras ocasiones esta acción que ahora se plantea. Sobre todo si el resultado ha sido satisfactorio, tenderá a elegir esta alternativa y más aún cuantas más veces haya repetido esa misma acción.

- El factor de imitación: Está muy relacionado con el anterior, aunque en este caso, en lugar de basarse en la propia experiencia, se basaría en la experiencia de los demás, ya que que se aplicaría cuando una persona ha observado con anterioridad (quizás en multitud de ocasiones) que otras personas han realizado esa acción que él valora ahora como alternativa y cree les ha salido bien. La persona tenderá a considerar más viable esta opción (será más penetrante ante el filtro), aunque la alternativa de acción no cuadre plenamente con sus valores.

- El factor de ilegitimidad de las instituciones: Se trata de algo muy desarrollado por Gary LaFee (1998), y que consideramos también muy influyente en el proceso. Sobre ello recomendamos la lectura de nuestra publicación *Estudio orientado a policías sobre la relación entre la justicia percibida y la incidencia delictiva." (Pérez y Parejo, 2024)* en la que resumimos y analizamos sus postulados. Cuando la alternativa de acción es delictiva pero la persona no cree que esa catalogación como delictiva sea justa, o que la institución que así la cataloga no está legitimada para ello (porque no da ejemplo, porque no ha actuado en otras ocasiones con otras personas, etc).

- Arrebato u obcecación: Este, así como el siguiente que mencionamos, son modificadores que podrían llegar a ser especialmente determinantes en el resultado. Ante un hecho y unas circunstancias que produzcan especial impacto en la persona, esta puede, fuera de un raciocinio normal, considerar una alternativa como la acción definitiva, aunque en otras circunstancias no habría pasado el filtro moral y esto sería porque ese arrebato u obcecación ha hecho que esa alternativa sea extremadamente penetrante ante el filtro.

- Alteración de la conducta por sustancias o adicciones: Este modificador tiene varias características en común con el anterior. Uno de los puntos en común es que afecta al raciocinio normal. Si se atenúa el raciocinio o incluso si llega a inhibirse por completo (casos que pueden darse en estos dos últimos modificadores), la elección de una alternativa de acción se vuelve caótica. De este modo, una alternativa de acción puede, al verse influida por este modificador, pasar a ser poderosamente penetrante al filtro moral, llegando a realizar acciones que, con un raciocinio normal, es decir, sin la influencia de este modificador, no habría realizado. Otra característica común a este modificador y al anterior (del arrebato u obcecación) es que cuando aplican esta capacidad de penetración a una alternativa de acción, al influir en el raciocinio de la persona, no solo hace la alternativa más penetrante ante el filtro moral, sino también ante la aplicación de los modificadores negativos que veremos más adelante, los cuales, con la capacidad de raciocinio alterada, tienen muy poco valor.

Como vemos, al igual que Wikström, en el proceso situacional que proponemos hemos considerado importantes factores como la habitualidad, pero entendemos que la forma y el momento en el que este factor entra en juego sería distinto; estaría dentro de los modificadores positivos y entraría en juego en un momento anterior dentro del proceso situacional con respecto a lo que este autor propone.

EL FILTRO DE LOS VALORES MORALES: Una vez que han surgido todas las posibles alternativas de acción y algunas hayan adquirido una mayor propiedad de penetración, llega el momento en el que las alternativas deben pasar el filtro de los valores morales de la persona (el tema central de este trabajo); ese filtro que se ha ido construyendo en la persona a través de su educación y de sus vivencias, y que le guía en sus actuaciones, indicándole lo que está bien y lo que no, qué es simplemente aceptable o qué cosas son más importantes que otras.

El filtro se compondría de un conjunto de valores que habría que entender como capas independientes de ese filtro, pudiendo unas de ellas dejar pasar la idea a la siguiente fase y la siguiente capa retenerla y no dejarla pasar. El filtro de los valores morales, aunque podría considerarse que pudiera tener cierto valor cuantitativo en cuanto a que una idea que sea contraria a un número elevado de valores, tendría menos probabilidades de ser aceptada por el individuo como alternativa de acción, realmente tendría un mayor componente **cualitativo**, en cuanto a que unos valores son más importantes que otros para el individuo y con que uno de los valores más importantes entren en contradicción con una alternativa de acción, podría ser determinante para descartarla.

En este sentido, hemos observado que algunos criminólogos estudian la moralidad desde un punto de vista cuantitativo, como es el caso del profesor Heriberto Janosch González, que contempla en sus estudios *"La explicación e investigación empírica sobre agresiones sexuales"* y *"Las agresiones sexuales y la teoría de la acción situacional"*, la moralidad como una de las variables independientes en las personas sometidas a sus estudios, pero lo hace considerando un valor para esa variable como de moralidad alta o baja. Consideramos que **la**

moralidad individual de cada persona **no debe cuantificarse sin más**; en todo caso, si queremos aplicar una cuantificación, sería más acertado valorar en qué medida los valores morales de un individuo se corresponden con un determinado conjunto de normas éticas de una comunidad (como por ejemplo con el código penal del país en el que reside). Probablemente la intención del profesor mencionado al determinar como alta o baja la moralidad de un individuo sea referirse precisamente a esto que planteamos: a en qué medida se corresponde su código de valores morales (en término medio) con la Ley o en general, con las normas comúnmente aceptadas, pero este valor no es absoluto: variaría en función de la comunidad en la que se encuentre.

Pongamos un ejemplo: Imaginemos un estado en el que es ampliamente aceptado que el adulterio es una conducta reprobable y que lo es penalmente. Además, esa conducta estaría considerada extremadamente grave. Por último, imaginemos que en ese estado es de aplicación la pena de muerte y además mediante métodos que aquí consideraríamos inhumanos como la lapidación.

Probablemente una persona con mentalidad liberal (en el sentido sexual) sería considerada en esa comunidad, en ese estado, como de moralidad baja, cuando en España este aspecto no tendría influencia para dicha valoración.

Asimismo, una persona de ese estado que mencionamos y que esté de acuerdo con su legislación y costumbres, que viniera a España y aquí la estudiáramos, sería considerada como de moralidad baja, cuando en su estado probablemente sería considerada como de moralidad alta.

Estudiando la moralidad de esta forma, como un valor que puede cuantificarse en términos absolutos como alto o bajo, las conclusiones del estudio no pueden aplicarse de forma general, ya que se ha realizado para determinadas sociedades en las que se asumen como buenos determinados valores y estos no tienen por qué coincidir en todas ellas.

Por tanto, consideramos que no es esta la forma más adecuada de abordar este aspecto concreto (la moralidad) en los estudios y análisis de las conductas delictivas.

Una de las críticas que recibe Wikström es que, aún siendo la moralidad una parte central de su Teoría de la Acción Situacional, no termina de definir qué es exactamente esta. Quizás esto dé lugar a discrepancias como la que estamos exponiendo entre los que estudian su teoría y la ponen a prueba empíricamente.

Una vez dado por zanjado el aspecto de lo cualitativo o cuantitativo de la moralidad, también es reseñable el hecho de que los valores morales de una persona pueden cambiar con el tiempo, ya que la persona va aprendiendo durante toda su vida y sus vivencias pueden ir modificando ese código, haciendo que lo que antes consideraba uno de los valores más importantes ya no lo sea tanto, o que algo que ni siquiera se planteaba como uno de sus valores, pasa a ser uno de los más importantes. Como ejemplo podríamos poner el de un adolescente que dé mucha importancia a no traicionar a sus amigos, estando esto prácticamente por encima de todo y que esa misma persona, treinta años más tarde, ponga por delante de sus amigos la responsabilidad en su trabajo. Por esto, entre otras cosas, el resultado del proceso situacional puede ser distinto ante la misma motivación o provocación en función del momento de la vida de la persona en la que se produzca, ya que los valores morales pueden ser distintos con el paso del tiempo.

El paso de las alternativas de acción (cada una con mayor o menor propiedad de penetración) por el filtro de los valores morales, da como resultado que algunas de ellas no han pasado dicho filtro, al entrar en suficiente contradicción con los valores que lo componen, así como que otras alternativas sí que lo pasan, bien por ser adecuadas a los valores o bien por tener suficiente capacidad de penetración. Finalmente nos encontramos que de todas las alternativas de acción que teníamos al inicio, **solo nos quedarán unas pocas y además,**

estas estarán ordenadas por prioridad. De esta forma, la persona se encontrará con determinación a ejecutar dicha alternativa para convertirla en acción, aunque aún debe pasar por un último proceso que puede afectar a dicha alternativa: su exposición a los modificadores negativos.

MODIFICADORES NEGATIVOS: Son aquellos que pueden disuadir a la persona de que una alternativa de acción se convierta definitivamente en acción. Algunos ejemplos serían el miedo al castigo penal, a las represalias, al reproche social, así como el autocontrol (podemos ver aquí algunas ideas que planteaba Wikström a las que se refería como "anticipación de la culpa" o "anticipación de la venganza", aunque él las trataba como variables emocionales que se utilizaban para medir la moralidad y no como una fase del proceso como sí planteamos nosotros). En este caso, a diferencia de los modificadores positivos, los negativos entrarían en juego al final del proceso, una vez que la alternativa de acción ha pasado por el filtro de los valores morales y la persona considera dicha alternativa como realmente posible. Como podremos observar, este subproceso sería equivalente al de los «controles» del proceso situacional de la Teoría de la Acción Situacional de Wikstrom, tanto en qué consiste como en el momento en que se ejecuta dentro del proceso situacional (momento final antes de la acción).

Para el caso del proceso que explicamos, en caso de que los modificadores surtieran efecto y disuadieran a la persona de convertir en acción la alternativa que se encontrara en primer lugar, pasaría a contemplar la siguiente según el orden de prioridad otorgado tras el paso por el filtro moral.

Como hemos mencionado antes en el apartado en el que explicábamos los modificadores positivos, algunos de ellos como arrebato u obcecación, así como alteración de la conducta por sustancias, pueden hacer que una alternativa de acción sea penetrante incluso a este paso, no teniendo en cuenta, por ejemplo las consecuencias del acto, al verse afectada la capacidad de raciocinio de la persona.

Para finalizar reseñar que, al igual que establece la Teoría de la Acción Situacional de Wikström, reconocemos la importancia de los distintos factores sociales a la hora de analizar por qué una persona elige una u otra alternativa de acción, pudiendo ser alguna de ellas delictiva, pero también consideramos acertada la visión de estos factores como «causas de las causas» y que algunos habría que estudiarlos de forma independiente y otros como influyentes en la construcción de algunas de las estructuras que hemos explicado, como el filtro de los valores morales. Factores como el entorno social inmediato, las normas culturales imperantes y las oportunidades disponibles, irán formando unos determinados valores morales en un individuo, o podrán hacer que tenga más o menos miedo al reproche penal o social de sus acciones. En cualquier caso, como hemos venido dejando claro durante esta y anteriores publicaiones, aunque reconocemos todas estas influencias, no hemos querido centrarnos en ellas, para centrarnos en cómo influye la moralidad en la decisión de delinquir y centrarnos también en la aportación de esta alternativa de proceso situacional.

EPÍLOGO

Esperamos que este libro haya servido para acercar la criminología a los profesionales de la policía de manera clara y accesible, y que haya proporcionado una base sólida para el desarrollo de sus competencias profesionales. Al aplicar estos conocimientos en el campo, los policías no solo estarán mejor preparados para enfrentar los desafíos del delito, sino que también contribuirán a una sociedad más segura y justa.

Agradecemos a todos los lectores su interés y dedicación a la mejora continua en su labor profesional. La criminología, con todas sus complejidades y matices, sigue siendo un campo vital para el entendimiento y la prevención del delito, y su estudio constante es la base para el avance de nuestras capacidades en la lucha contra el delito.

BIBLIOGRAFÍA

Akers, R. (2000). Social Learning and Social Structure: A General Theory of Crime and Deviance.

Bernard, T. J., Snipes, J. B., & Gerould, A. L. (2010). Vold's theoretical criminology. New York: Oxford University Press.

Capece Gómez, A.L. (2015) Teoría del Control – Gottfredson y Hirschi, Crimipedia (umh.es)

Caraballo, P. (2015) Delincuencia y deriva de David Matza. Wordpress.

Cloward, R. A. & Ohlin, L. E. (1960). Delincuency and Opportunitty: A Theory of Delinquent Gangs.

Durkheim E (1893) La división del trabajo social

Durkheim E. (1895) Las reglas del método sociológico

Durkheim E. (1897) El suicidio. Estudio de sociología

Elliott, D. S.; Huizinga, D.; Ageton, S. S. (1985). Explaining delinquency and drug use. Beverly Hills: Sage

Elliott, D. S. (1985). A General Theory of Adolescent Development. En M. Tonry y N. Morris (Eds.), Crime and Justice: An Annual Review of Research. Chicago University Press.

Hirschi, T. (1969) Una teoría del control de la delincuencia. Capítulo Criminológico Vol. 31, N° 4, Octubre-Diciembre 2003,

5-31. *Traducción del Capítulo II ("A Control Theory of Delinquency"), del libro Causes of Delinquency (Las Causas de la Delincuencia).*

Huertas, O., Díaz, N. M. & Trujillo, J. S. (2009). Durkheim: La perspectiva funcionalista del delito en la criminología. Revista Criminalidad, vol. 51 n° 2

Huertas, O., Díaz, N. M. & Trujillo, J. S. (2016). David Matza: perspectiva criminológica de la deriva a la delincuencia juvenil. Revista Criminalidad, 58 (3): 49-60.

LaFree G. (1998). Losing Legitimacy: Street Crime And The Decline Of Social Institutions In America.

López Torre, M.J. (2006) Psicología de la delincuencia

Matza, D. (1964). Delinquency and drift. New York [etc.]: John Wiley and Sons.

Marta Lietos (2022). Sykes y Matza: la teoría de la neutralización. Mundo criminológico.

Merton, Robert K. (1938). Social Structure and anomie. American Sociological Review.

Reckless W.C (1967) The Crime Problem

Reckless, W.C. & Denitz, S., (1967): " Pioneering with self-concept as a vulnerability factor in delinquency". J. Crim. Law, Criminol.

Revista Electrónica de Ciencia Penal y Criminología ARTÍCULOS ISSN 1695-0194 RECPC 20-07 (2018)

Rodríguez Gómez, N. (2015) Teoría de la Oportunidad Diferencial de Richard A. Cloward y Lloyd E. Ohli. Crimipedia.

Serrano Maillo, A. (2017). Teoría y antiteoría en Criminología. Madrid: InDret.

Serrano Maillo, A. Tres teorías criminológicas: Teoría del aprendizaje social (Akers), del autocontrol (Gottfredson y Hirschi) y general de la frustración (Agnew).

Serrano Maillo, A (PID_00178793). Las teorías del control social y otros enfoques: Studocu.

Sutherland, E (1947) Principles of Criminology.

Sykes, G., & Matza, D. (1957). Techiques of neutralization: a theory of delinquency. American Journal of Sociology.

Vázquez González, C. (2003). UNED. Recuperado el 22 de Febrero de 2014, de UNED.

Wikström P-O. H. (2017) Por qué se delinque: Una teoría de la acción situacional, en Revista de Penal y Criminología, 3ª Época, nº 17. UNED.

Wikström P-O. H. (2011). Does everything Matter? Addressing the problem of causation and explanation in the study of crime. When Crime Appears: The Role of Emergence. (eds. J.M. McGolin, C.J. Sullivan and L.W. Kennedy), Routledge, London.

www.ingramcontent.com/pod-product-compliance
Lightning Source LLC
Chambersburg PA
CBHW020335290526
45785CB00005B/2029